Erdkunde

Band II

Karl-Hans Seyler (Hrsg.)

DEUTSCHLAND

umweltfreundlich
auf chlorfreiem Papier

© pb-verlag ● 8039 Puchheim ● 1993

ISBN 3-89291-206-8

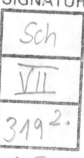

STUNDENBILDER für die SEKUNDARSTUFE I

Karl-Hans Seyler

DEUTSCH
Literatur
5./6. Jahrgangsstufe

- LEHRSKIZZEN • TAFELBILDER • FOLIENVORLAGEN
- ARBEITSBLÄTTER mit LÖSUNGEN

INHALTSVERZEICHNIS

Das Gegengeschenk (K. Simrock)

Gliederung der Erzählung:

1. _____
2. _____
3. _____
4. _____

(_____)   (_____)

Arbeitsaufgaben:

1. Was erwartet sich der Köhler von dem Fürsten? Was bekommt er?

2. Was erwartet sich sein Bruder? Was erhält dieser?

3. Warum nennt der Fürst den Köhler einfältig?

4. Was hältst du von der Handlungsweise des Fürsten?

Überlege:

Wie könnte sich eine solche Geschichte heute, in unserer Zeit abspielen? Denke dabei auch an "Geschenke"!
Findest du noch andere vergleichbare Personengruppen?

---

auf dem lande (E. Jandl)

rinininininininDER
brüllüllüllüllüllüllüllIEN

schweineineineineineineineinE
grununununununununZEN

hunununununununDE
belielielielielielielielIEN

katatatatatatatZEN
miaulaulaulaulaulaulaulauEN

katatatatatatatER
schnurrurrurrurrurrurrurrEN

gänänänänänänänänSE
schnattattattattattattattERN

zieglegieglegieglegieggEN
meckeckeckeckeckeckeckERN

bienienienienienienienEN
summummummummummummummummEN

grilllllllllllllllllllllllllllIEN
zirrirrirrirrirrirrirrrirrrPEN

fröschöschöschöschöschöschöschE
quakakakakakakakakakakakEN

hummummummummummummmumMELN
brummummummummummummummEN

vögögögögögögögögEL
zwitschitschitschitschitschERN
zirrirrirrirrirrirrrPEN

Aufbau (Spielregeln):

_____
_____

Deutung:

_____

Wenn man gewisse "Spielregeln" einhält, kann man einen ähnliche
Text auch selber verfassen.
Mögliche Themen:
- In der Stadt
- Konzert
- Unterhaltung
- Tiere in der Wildnis

Vorwort

Die bewährten Reihen

STUNDENBILDER für dic PRIMARSTUFE
STUNDENBILDER für die SEKUNDARSTUFE I

aus dem pb-Verlag unterstützen rasch und effektiv Lehrer bei der täglichen Unterrichtsvorbereitung. Die einzelnen Unterrichtseinheiten zum Lehrstoff der jeweiligen Jahrgangsstufe bestehen meistens aus:

- einem *ORGANISATIONSBLATT* mit Hinweisen auf **Lernziele, Arbeitsmittel, Literatur, Tafelbild** usw.;
- einer *LEHRSKIZZE* mit Hinweisen auf **Unterrichtsphasen, Lehr- und Lernakten, Medien** usw.;
- einem *ARBEITSBLATT*, das dem Unterrichtsverlauf entspricht und als **Merkeintrag** benutzt werden kann;
- weiterem *BILD- und TEXTMATERIAL*, das unter anderem zur **Einstiegsphase, Gruppenarbeit** usw. genutzt werden kann.

Die Stundenbilder sollen als Anregung aufgefaßt werden. Sie haben Hinweischarakter und sollten durch entsprechende Fachliteratur ergänzt werden. Es empfiehlt sich dabei besonders, zusätzlich auf Broschüren und Texthefte von den Zentralen der Länder und des Bundes sowie Medien von den Landesbildstellen zurückzugreifen.

Besondere Hilfen für Ihren Schulalltag in diesem Unterrichtswerk:

- *UNTERRICHTSBEISPIELE* und *ARBEITSBLÄTTER* sind unabhängig von den eingeführten Büchern oder Arbeitsheften einsetzbar.
- Lehrern werden *ARBEITSBLÄTTER* mit Lösungsvorschlägen, *TAFELBILDER* und *FOLIENVORLAGEN* angeboten.
- Arbeitsblätter für Schüler sind bereits im Format DIN A4 und können deshalb zum persönlichen Unterrichtsgebrauch - jedoch nur in vorhandener **Klassenstärke** - **vervielfältigt** werden.
- Die Lehrhilfen sind so angeordnet, daß sie **einzeln** abgeheftet werden können. Deshalb wurden manchmal einige Rückseiten bewußt freigelassen!

Die *STUNDENBILDER* werden durch die Reihen *UNTERRICHTSPRAXIS* und *KOPIERHEFTE mit PFIFF* ergänzt, die eine Vielzahl von weiteren **kopierfähigen Arbeitsblättern** und **Folienvorlagen** enthalten.

Zusammen mit den *LEHRKARTEIEN* als **praktische** und **rasche Orientierungshilfe** für die Hand des Lehrers und den *LERNKARTEIEN* als **individuelle Schülerhilfe**, sind alle Unterrichtsmaterialien schnell **einsetzbar**. Dabei eignen sich besonders die *KOPIERHEFTE* und *LERNKARTEIEN* zur **Übung, Differenzierung, Freiarbeit** und zu einem **offenen Unterricht**.

Mit pb-Unterrichtshilfen können Lehrer **rationell arbeiten**, ohne ihren persönlichen Stil einschränken zu müssen. Sie gewinnen Zeit für spezifische Lernsituationen. Die Übertragung der angebotenen Hilfen auf die eigne Unterrichtspraxis führt ganz sicher zu einer "gelungenen Stunde".

Wir wünschen Ihnen dazu viel Erfolg

Ihr

pb Verlag

Inhaltsverzeichnis

1. **STRUKTURMODELL** einer Unterrichtseinheit:

I. PROBLEMSTELLUNG, RAUMBEGEGNUNG, SITUATIONSKONFRONTATION

- Originale Begegnung durch:
  Unterrichtsgang, Interviews, Beobachtungen (Verkehrs-/Einkaufsgewohnheiten)
- Untersuchung von Bodenarten, naturgeographische Erkundung (Salzbergwerk, Jurasteinbruch)
- Repräsentation eines Raumes durch:
  Industrieprodukte, Reiseandenken, Rohstoffe
- Abbildung der Wirklichkeit durch:
  Bild, Film, Fernsehsendung, Karte, Modell, Prospektmaterial, Tonband, Diagramm, Zahlenmaterial
- Aktueller Bezug durch:
  Zeitungsmeldungen, Berichte des Fernsehens, (Erdbebenkatastrophe, Hungersnot...)
- Erlebnisvermittlung durch:
  Lehrererzählung, Tonband, Schulfunk
- Planungs- und Handlungssituation

Problematisierung des Sachverhalts

- Wecken der Fragehaltung, Verbalisieren auftauchender Probleme,
- Sammeln von Fragestellungen. "Warum"-Fragen auf sozialgeographische Zielsetzung ausrichten.

Formulierung der Problemfrage

Fixieren TA, OHP

II. PROBLEMUNTERSUCHUNG, RAUM-/SITUATIONSANALYSE

- Aktivieren von Vermutungen zum Problem. Notieren (OHP). Entwickeln von Lösungsstrategien.
- Auseinandersetzung mit dem erdkundlichen Problem durch:
  eine möglichst selbständige Informationsentnahme und -verarbeitung
  (in arbeitsgleicher oder arbeitsteiliger Gruppenarbeit) aus:
- Text, Bild, Modell, Karte, Tabelle, Statistik, Buch, thematische
  Karte, Film..., Lesen, Anfertigen, Beschreiben von Karten, Tabellen,
  Plänen
- Ergebnissichtung / Zusammenschau der Teilergebnisse, Analyse der
  Fakten

III. PROBLEM-/RAUM-/SITUATIONSBEURTEILUNG

- Erkenntnisgewinnung
- Interpretieren und Vergleichen der gefundenen Ergebnisse, Fixierung
  der Ergebnisse (TA), Rückkehr zur Ausgangsfrage, Diskussion der Konsequenzen aus den gewonnenen Einsichten (Stoffwissen muß Funktionswissen werden).
- Aufsuchen ähnlicher Beispiele und Sachverhalten im Raum (Transfer).

IV. WERTUNG/SICHERUNG/FESTIGUNG

- Anbahnen des Entscheidungshandelns
- Erdkundliche Erkenntnisse möglichst verbal und zeichnerisch festhalten
  (Arbeitsblätter, Lückentexte, Kurzniederschriften, ...)
- Beachtung von Teil- und Gesamtzusammenfassung!
- Bei Lernzielkontrollen nicht nur Wissen, sondern auch Einsichten und
  Arbeitstechniken überprüfen!

Erdkundliche ARBEITSTECHNIKEN:

1. Beobachten:

- Bestimmung von Himmelsrichtungen, Messen von Entfernungen und Höhen, Feststellung von Grenzen.
- Wahrnehmung und Untersuchung der Geofaktoren im Experiment und im Gelände (z.B. Wetterbeobachtung /-messung, Feststellung der Bodenart / Bodennutzung, Beobachtungen an Gewässern, Verkehrsbeobachtung).
- In der Karte dargestellte geographische Objekte in der Wirklichkeit feststellen.

2. Arbeit mit Modellen:

- Orientierung auf Modellen (Sandkasten, Relief).
- Phänomene des Raumes in die verkleinerte dreidimensionale Darstellung übertragen.

3. Arbeit mit Bildern:

- Bildmaterial (Dia, Film, Fernsehen) entsprechend dem geographischen Aussagewert beschaffen, auswählen und beurteilen.
- Dem Bildmaterial geographische Informationen entnehmen.
- Die Informationen in Verbindung mit anderen Anschauungsmitteln (z.B. Karten) interpretieren.
- An ausgewählten Luftbildern Größen und Distanzen schätzen, Oberflächenformen, Bodenbewachsung und Gewässer, Siedlungs- und Wirtschaftsformen sowie die Art der Verkehrserschließung erkennen und beschreiben.

4. Arbeit mit Skizzen:

- Lage- und Grundrißskizzen maßstäblich richtig und geordnet anlegen.
- In Lage- und Grundrißskizzen geographische Sachverhalte eintragen.
- Einfache Profilskizzen maßstäblich richtig zeichnen.
- Einfache Kausalprofile entwerfen.

5. Arbeit mit Plänen und Karten:

- Auf Plänen und Karten unterschiedlichen Maßstabs sich orientieren sowie Lagebeziehungen und Distanzen richtig feststellen.
- Auf Plänen Strukturen erkennen, beschreiben und interpretieren.
- Aus kartographischen Chiffren eine Vorstellung von der Wirklichkeit entwickeln und diese beschreiben.
- Die Aussagen verschiedener thematischer Karten synoptisch auswerten (z.B. Übertragung in transparente Deckblätter gleichen Maßstabs).

6. Arbeit mit Zahlen und graphischen Darstellungen:

- Statistisches Material über einfache Sachverhalte durch eigene Erhebung beschaffen, auswerten, in eine Graphik einordnen.
- Interpretation graphischer Darstellungen.

7. Verbale Darstellung und Arbeit mit Texten:

- Über eigene Beobachtungen und Untersuchungen berichten (mündlich, schriftlich)
- Geofaktoren beschreiben.
- Geographische Aussagen aus Publikationen (Bücher, Zeitungen, Zeitschriften, Prospekte etc.) ermitteln, entnehmen, ordnen und auswerten.
- Geographische Aussagen aus Publikationen beurteilen und bewerten (z.B. nach subjektiver "Meinung" oder Absicht und objektiver Darstellung trennen).

| LEHRBEREICH/LEHREINHEIT | DEUTSCHLAND im ÜBERBLICK |

THEMA Wir lernen **Deutschland** kennen

LERNZIELE

Die Schüler sollen

- selbst erfahren, welche topographischen Kenntnisse sie über Deutschland besitzen.
- im Atlas nachschlagen und aus der Deutschlandkarte ihre fehlenden Informationen entnehmen.
- auf einem Arbeitsblatt (Deutschlandkarte) Kenntnisse sichern.

ARBEITSMITTEL/MEDIEN/LITERATUR

Wandkarte, HARMS Schulatlas: Deutschlandkarte
Arbeitsblätter Deutschland = Folien

TAFELBILD/FOLIE

HINWEISE/NOTIZEN

Unterrichtsstufe Zielangabe	**METHODE**		**LERNINHALTE (STOFF)**	ZEIT
TZ und (TZ) Zusf.	Lehr / Lernakte	Medieneinsatz	Tafelanschrift (bzw. Folie)	

I. HINFÜHRUNG		Bilder TLP	Reisen in ferne Länder	
	Aussprache		Trend zu Fernreisen, Boom in der Touristikbranche	
	Impuls		L: Wir Lehrer stellen oft fest, daß Schüler oft sehr gute Kenntnisse über fremde Länder besitzen, jedoch Deutschland kaum kennen! Woran mag das liegen?	
			SS: Äußern ihre Meinungen	
II. ZIELANGABE			┌─────────────┐ │ **Deutschland** │ └─────────────┘ Wir werden es unter verschiedenen Gesichtspunkten kennen-lernen.	
III. ERNEUERUNG des VORWISSENS			L: Wollen wir einmal feststellen, was ihr über Deutschland alles wißt!	
	AA			
	EA schriftl.		L: 1. Schreibe auf, welche Großstädte du kennst!	
			2. Welche großen Flüsse durchfließen Deutschland?	
			3. Welche Form hat Deutschland ungefähr?	
			4. Der höchste Berg in Deutschland?	
			5. Der größte See?	
	UG		SS: Nennen ihre Ergebnisse!	
IV. ERARBEITUNG der wichtigsten t o p o g r a f i s c h e n Kenntnisse			L: Inwieweit eure Angaben richtig waren, das werden wir jetzt anhand der Karte, dem Atlas und der Arbeitsblätter feststellen.	
	AA mit	AB 1	L: Die Flüsse sind mit Nummern versehen, welche kennst du?	
	Zeigen an der	Wandkarte	SS: Nennen Bekanntes	
	AA		L: 1. Schreib die Namen gleich in die Karte ein!	
			2. Suche jetzt im Atlas die Flüsse auf, die du nicht gekannt hast!	
	Kontrolle: UG	Folie	SS: Lesen Nr. und Namen vor.	
V. WEITERFÜHRUNG/SICHERUNG		AB 2/3	Die wichtigsten Städte Deutschlands	
	UG /	Folien (4)	Städte und Sehenswürdigkeiten Deutschlands	
		AB 4	Gebirge in Deutschland	
	(u.U. als Haus-aufgabe)			
	Kontrolle: UG / Folie			

| ERDKUNDE | NAME: _____ | KLASSE: _____ | DATUM: _____ | NR.: ____ |

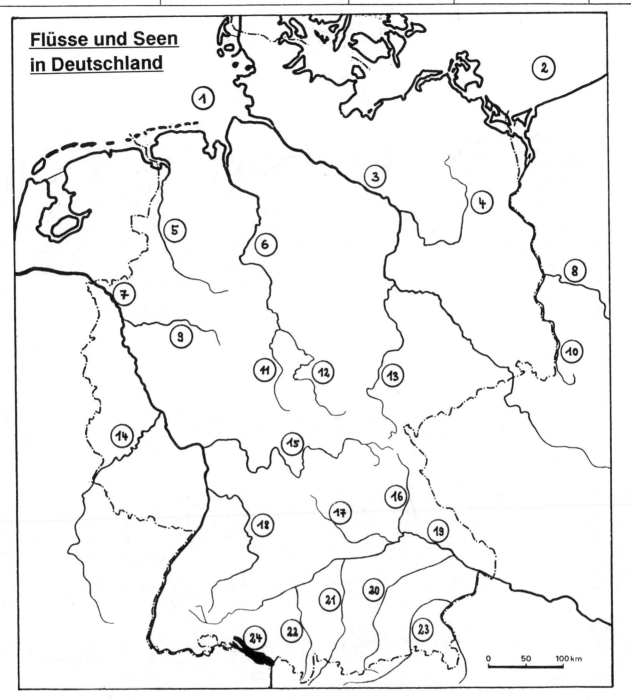

Flüsse und Seen in Deutschland

1 = _____   13 = _____

2 = _____   14 = _____

3 = _____   15 = _____

4 = _____   16 = _____

5 = _____   17 = _____

6 = _____   18 = _____

7 = _____   19 = _____

8 = _____   20 = _____

9 = _____   21 = _____

10 = _____   22 = _____

11 = _____   23 = _____

12 = _____   24 = _____

ERDKUNDE

NAME: _____ KLASSE: _____ DATUM: _____ NR.: ____

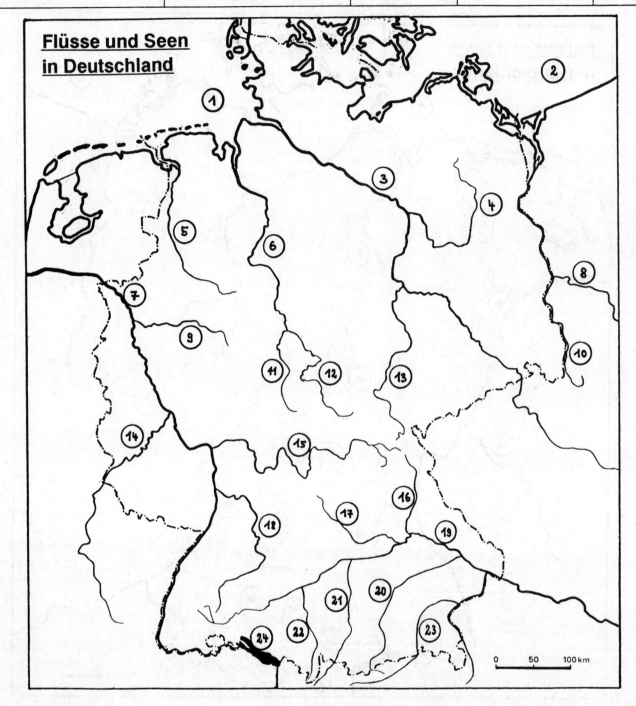

Flüsse und Seen in Deutschland

1 =	Nordsee	**13** =	Saale
2 =	Ostsee	**14** =	Mosel
3 =	Elbe	**15** =	Main
4 =	Havel	**16** =	Naab
5 =	Ems	**17** =	Altmühl
6 =	Weser	**18** =	Neckar
7 =	Rhein	**19** =	Donau
8 =	Oder	**20** =	Isar
9 =	Ruhr	**21** =	Lech
10 =	Neiße	**22** =	Iller
11 =	Fulda	**23** =	Inn
12 =	Werra	**24** =	Bodensee

| ERDKUNDE | NAME: _____ | KLASSE: _____ | DATUM: _____ | NR.: ____ |

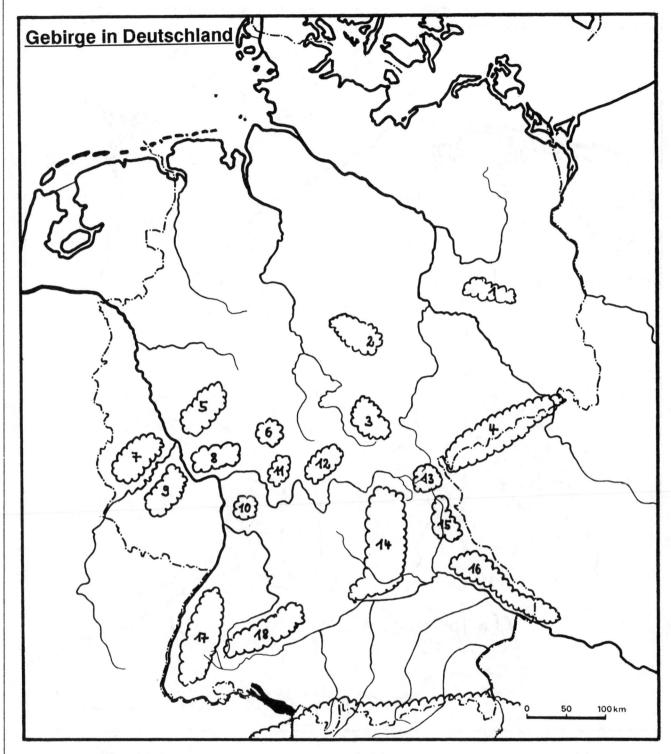

Gebirge in Deutschland

1 = _____   2 = _____   3 = _____

4 = _____   5 = _____   6 = _____

7 = _____   8 = _____   9 = _____

10 = _____ 11 = _____ 12 = _____

13 = _____ 14 = _____ 15 = _____

16 = _____ 17 = _____ 18 = _____

In welchem Gebirge entspringt a. der Inn? b. die Donau? c. der Main?

a. _____   b. _____   c. _____

| ERDKUNDE | NAME: _____ | KLASSE: _____ | DATUM: _____ | NR.: ___ |

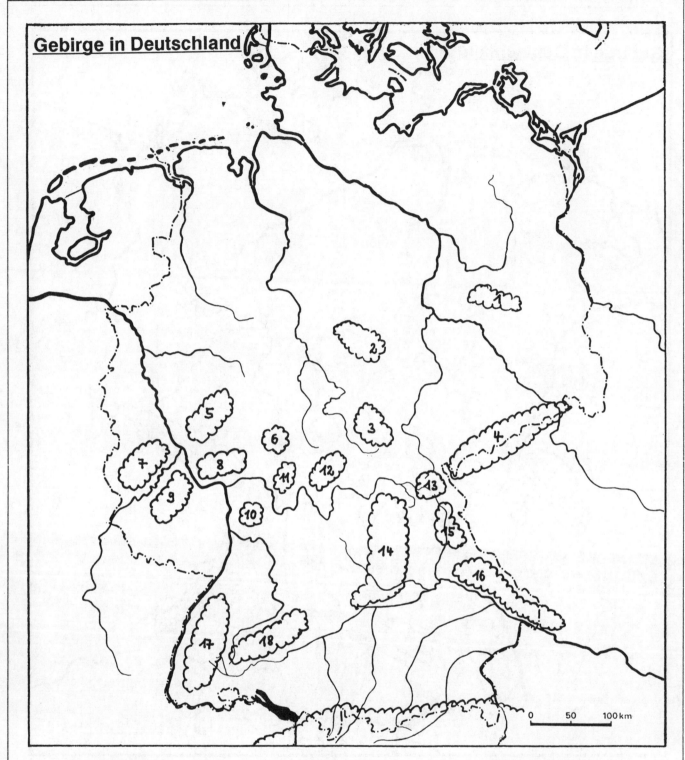

Gebirge in Deutschland

0   50   100 km

1 = Fläming	2 = Harz	3 = Thüringer Wald
4 = Erzgebirge	5 = Westerwald	6 = Vogelsberg
7 = Eifel	8 = Taunus	9 = Hunsrück
10 = Odenwald	11 = Spessart	12 = Rhön
13 = Fichtelgebirge	14 = Fränkische Alb	15 = Oberpfälzer Wald
16 = Bayerischer Wald	17 = Schwarzwald	18 = Schwäbische Alb

In welchem Gebirge entspringt a. der Inn? b. die Donau? c. der Main?

a. Alpen   b. Schwarzwald   c. Fichtelgebirge

| ERDKUNDE | NAME: _____ | KLASSE: _____ | DATUM: _____ | NR.: ___ |

Wichtige Städte in Deutschland

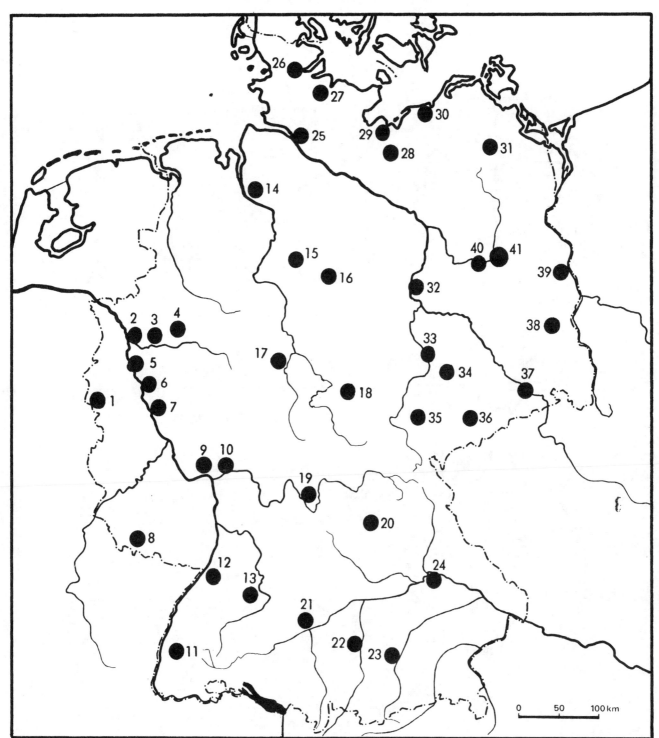

1 = _____   2 = _____   3 = _____

4 = _____   5 = _____   6 = _____

7 = _____   8 = _____   9 = _____

10 = _____   11 = _____   12 = _____

13 = _____   14 = _____   15 = _____

16 = _____   17 = _____   18 = _____

19 = _____   20 = _____   21 = _____

| ERDKUNDE | NAME: _____ | KLASSE: _____ | DATUM: _____ | NR.: ___ |

Wichtige Städte in Deutschland

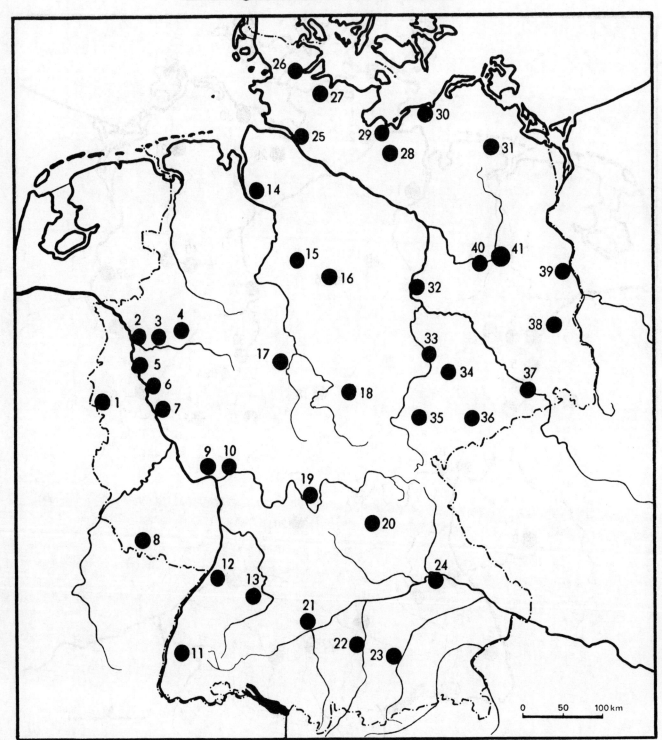

1 =	Aachen	2 =	Duisburg	3 =	Essen
4 =	Dortmund	5 =	Düsseldorf	6 =	Köln
7 =	Bonn	8 =	Saarbrücken	9 =	Wiesbaden
10 =	Frankfurt a. M.	11 =	Freiburg	12 =	Karlsruhe
13 =	Stuttgart	14 =	Bremen	15 =	Hannover
16 =	Braunschweig	17 =	Kassel	18 =	Erfurt
19 =	Würzburg	20 =	Nürnberg	21 =	Ulm

| ERDKUNDE | NAME: _____ | KLASSE: _____ | DATUM: _____ | NR.: ___ |

22 = _____   23 = _____   24 = _____

25 = _____   26 = _____   27 = _____

28 = _____   29 = _____   30 = _____

31 = _____   32 = _____   33 = _____

34 = _____   35 = _____   36 = _____

37 = _____   38 = _____   39 = _____

40 = _____   41 = _____

Kennst du dich in Deutschland aus?

1. Nenne drei Flüsse, die in die Nordsee münden!

_____

2. Ordne die Städte den richtigen Flüssen zu!

    a. Oder   - Trier   _____

    b. Main   - Regensburg   _____

    c. Elbe   - Landshut   _____

    d. Donau   - Magdeburg   _____

    e. Rhein   - Halle   _____

    f. Neckar   - Frankfurt   _____

    g. Weser   - Düsseldorf   _____

    h. Mosel   - Würzburg   _____

    i. Isar   - Heilbronn   _____

    k. Saale   - Hameln   _____

3. Ordne den Gipfeln das richtige Gebirge zu!

    a. Großer Arber   - Rhön   _____

    b. Wasserkuppe   - Harz   _____

    c. Zugspitze   - Erzgebirge   _____

    d. Fichtelberg   - Taunus   _____

    e. Brocken   - Fichtelgebirge   _____

    f. Schneeberg   - Bay. Wald   _____

    g. Großer Feldberg- Wetterstein-G.   _____

4. Deutschland besitzt vier **Großlandschaften**:

    a. _____:

       Im Westen rund 150 km, im Osten etwa 300 km breit; Höhen bis zu 200 m im Westen, etwas über 300 m im Osten.

    b. _____:

       Höhen unter 1500 m, Flächen im Süden über 200 m hoch.

    c. _____:

       Bis zur Donau reichend.

    d. _____:

       Geringer Flächenanteil.

| ERDKUNDE | NAME: _____ | KLASSE: _____ | DATUM: _____ | NR.: ___ |

22 = Augsburg	23 = München	24 = Regensburg
25 = Hamburg	26 = Kiel	27 = Lübeck
28 = Schwerin	29 = Wismar	30 = Rostock
31 = Neubrandenburg	32 = Magdeburg	33 = Halle
34 = Leipzig	35 = Zwickau	36 = Chemnitz
37 = Dresden	38 = Cottbus	39 = Frankfurt/Oder
40 = Potsdam	41 = Berlin	

Kennst du dich in Deutschland aus?

1. Nenne drei Flüsse, die in die Nordsee münden!

   Ems, Weser, Elbe

2. Ordne die Städte den richtigen Flüssen zu!

a. Oder	-	Trier	Oder	-	Frankfurt
b. Main	-	Regensburg	Main	-	Würzburg
c. Elbe	-	Landshut	Elbe	-	Magdeburg
d. Donau	-	Magdeburg	Donau	-	Regensburg
e. Rhein	-	Halle	Rhein	-	Düsseldorf
f. Neckar	-	Frankfurt	Neckar	-	Heilbronn
g. Weser	-	Düsseldorf	Weser	-	Hameln
h. Mosel	-	Würzburg	Mosel	-	Trier
i. Isar	-	Heilbronn	Isar	-	Landshut
k. Saale	-	Hameln	Saale	-	Halle

3. Ordne den Gipfeln das richtige Gebirge zu!

a. Großer Arber	-	Rhön	Großer Arber (1437) - Bay. Wald
b. Wasserkuppe	-	Harz	Wasserkuppe (950) - Rhön
c. Zugspitze	-	Erzgebirge	Zugspitze (2964) - Wetterstein-Gebirge
d. Fichtelberg	-	Taunus	Fichtelberg (1214) - Erzgebirge
e. Brocken	-	Fichtelgebirge	Brocken (1142) - Harz
f. Schneeberg	-	Bay. Wald	Schneeberg (1051) - Fichtelgebirge
g. Großer Feldberg	-	Wetterstein-G.	Großer Feldberg (880) - Taunus

4. Deutschland besitzt vier **Großlandschaften:**

   a. **Norddeutsches Tiefland**:
      Im Westen rund 150 km, im Osten etwa 300 km breit; Höhen bis zu 200 m im Westen, etwas über 300 m im Osten.

   b. **Mittelgebirgsland**:
      Höhen unter 1500 m, Flächen im Süden über 200 m hoch.

   c. **Alpenvorland**:
      Bis zur Donau reichend.

   d. **Hochgebirge der Alpen**:
      Geringer Flächenanteil.

München

Tübingen

Münster

Freiburg

**Oberammergau
Schloß Lindenhof**

Wartburg

Trier

Stuttgart

Meersburg

Neuschwanstein

Dresden: Zwinger

Leipzig: Völkerschlachtdenkmal

Naumburg: Dom - Uta

Neubrandenburg:
Backsteingotik

Berlin:
Brandenburger Tor

Weimar: Goethe - Schiller

Leipzig: Nikolaikirche

Zwickau: Gewandhaus

Dresden: Semper-Oper

Dresden

"Der goldene Reiter"
August der Starke
von Sachsen

Wallpavillon
aus dem
Dresdner Zwinger

LEHRBEREICH/LEHREINHEIT	DEUTSCHLAND im ÜBERBLICK
THEMA	Die **LÄNDER DEUTSCHLANDS**

LERNZIELE

Die Schüler sollen

- die Namen der Länder kennen.

- die Hauptstädte der Länder kennen.

- die Länder nach Größe und Einwohnerzahlen ordnen.

- die Lage der Länder zueinander kennen.

ARBEITSMITTEL/MEDIEN/LITERATUR

Wandkarte, Atlas, Arbeitsblatt, Folien

Folie 1: Zahlenangaben, Wahl

Folie 2: von AB: Länder zu einem Länder-Puzzle zerschneiden, evtl. Länder verschieden färben.

Folie 3: Umrißkarte Deutschland

TAFELBILD/FOLIE

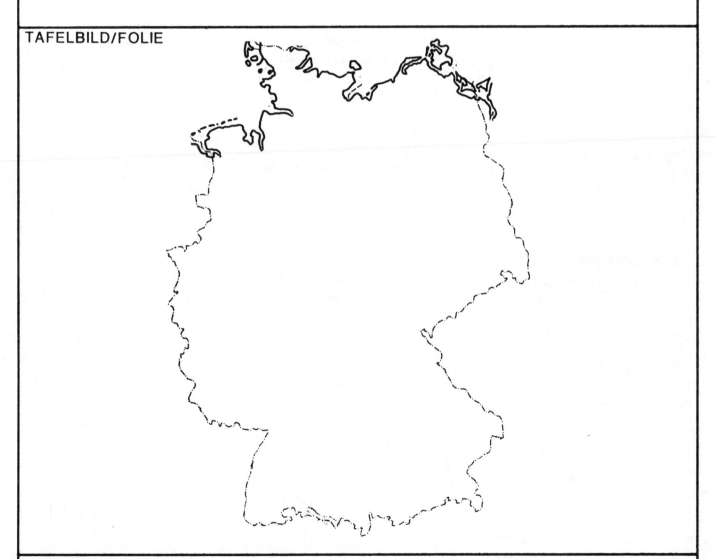

HINWEISE/NOTIZEN

Unterrichtsstufe Zielangabe	METHODE		LERNINHALTE (STOFF)	ZEIT
TZ und (TZ) Zusf.	Lehr / Lernakte	Medieneinsatz	Tafelanschrift (bzw. Folie)	

I. HINFÜHRUNG

| | | TLP/Folie 1 | Wahl am 2. Dezember 1990 und deren Ergebnisse |
| | Aussprache | | Wahlanteile der Länder |

Z i e l a n g a b e :   TA

> **Die Länder Deutschlands**

II. ERARBEITUNG

1. **T e i l z i e l**   Name und Lage der Länder

	AA/EA	Atlas (Karte Deutschland)	L: Schreibe die Länder auf deinen Block.
		TA	L: Ich möchte sie alphabetisch geordnet anschreiben.
Z u s. f . :		TA	
	AA	Atlas/TA	Hauptstädt der Länder
		Wandkarte	SS: zeigen Hauptstädte an der Wandkarte.
	AA	AB	L: Trage die Länder sowie deren Hauptstädte richtig auf der Karte in und färbe die Länder mit verschiedenen Farben!
1. T Z - Kontrolle		Foliepuzzle	SS: setzen es zusammen.

2. **T e i l z i e l**   Länder im Vergleich

			L: Wir könnten die Länder auch anders ordnen als nach dem Alphabet!
			SS: Größe, Einwohnerzahl, ...
	AA/GA	Folie 2 bzw. Infoblatt	L: Die deutschen Länder
	Kontrolle durch Vorlesen und	TA	

III. LZ-KONTROLLE

| | | Folie 3 | Umrißkarte Deutschland |
| | SS versuchen, die Länder-grenzen einzu-tragen | | |

IV. AUSWEITUNG

| | Verbindung zu Sozialkunde | | Aufgaben der Länder? |
| | | | Hoheitsrechte der Länder |

ERDKUNDE	NAME: _____	KLASSE: _____	DATUM: _____	NR.: _____

Die deutschen Länder

Die deutschen Länder

Kiel

Schleswig-Holstein

Schwerin

Mecklenburg-Vorpommern

Bremen   *Hamburg*

Niedersachsen

Berlin

Hannover   Potsdam   Magdeburg

Brandenburg

Nordrhein-Westfalen

Sachsen-Anhalt

Düsseldorf

Erfurt   Dresden

Thüringen   **Sachsen**

Hessen

Rheinland-Pfalz   Wiesbaden

Mainz

Saarland   **Bayern**

Saarbrücken

Stuttgart

München

Baden-Württemberg

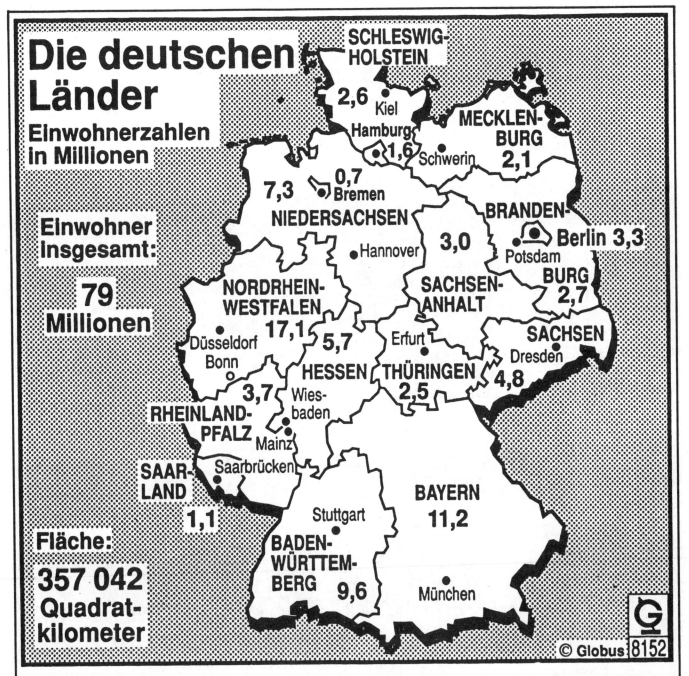

Die deutschen Länder

Einwohnerzahlen in Millionen

Einwohner insgesamt:

79 Millionen

Fläche:

357 042 Quadratkilometer

SCHLESWIG-HOLSTEIN 2,6 · Kiel · Hamburg 1,6 · Schwerin

MECKLENBURG 2,1

7,3 · 0,7 Bremen

NIEDERSACHSEN · Hannover 3,0

BRANDEN-BURG 2,7 · Potsdam · Berlin 3,3

NORDRHEIN-WESTFALEN 17,1 · Düsseldorf · Bonn 5,7

SACHSEN-ANHALT · Erfurt

SACHSEN 4,8 · Dresden

HESSEN 3,7 · Wiesbaden

THÜRINGEN 2,5

RHEINLAND-PFALZ · Mainz

SAARLAND 1,1 · Saarbrücken

· Stuttgart

BADEN-WÜRTTEMBERG 9,6

BAYERN 11,2 · München

© Globus 8152

München (dpa) – Die neuen politischen Kräfte in der DDR wollen die Länder wiederherstellen, deren eigenständigen Charakter auch 40 Jahre kommunistischer Führung nicht erschüttern konnten. Obwohl die erste DDR-Verfassung 1949 auf den Ländern aufbaute, wurden sie 1952 abgeschafft und in 14 Bezirke (ohne Berlin) aufgeteilt:

MECKLENBURG: In dem agrarisch strukturierten Land an der Ostsee mit seiner idyllischen Seenplatte leben heute rund zwei Millionen Menschen. Rostock ist der größte Überseehafen der DDR. Bekannte Städte sind auch die frühere Hauptstadt Schwerin, Wismar, Neubrandenburg und Stralsund. Im Westen grenzt das 22 938 · Quadratkilometer (1946) große Land an Schleswig-Holstein.

BRANDENBURG: Im Herzland Preußens leben heute (ohne Berlin) gut zweieinhalb Millionen Menschen. Dieser Teil des norddeutschen Tieflandes umfaßt die von Kiefernwäldern, Sandböden, Seen und Heide geprägten Landschaften Prignitz, Uckermark, Havelland, Mittelmark und Niederlausitz.

Das früher 38 275 Quadratkilometer große Land mußte 1945 als Folge der deutschen Kapitulation seine Gebiete östlich der Oder-Neiße-Linie an Polen abtreten und war 1946 noch 26 976 Quadratkilometer groß. Hauptstadt war Potsdam, bekannte Städte sind auch Frankfurt an der Oder, Brandenburg, Spandau und Stendal.

Viele von Theodor Fontanes Helden lebten in Brandenburg, wie auch der Maler Max Liebermann und Käthe Kollwitz, ebenso der Dichter Heinrich von Kleist, Bert Brecht, Christa Wolff und die Gebrüder Humboldt.

SACHSEN-ANHALT: Mit seinen rund drei Millionen Einwohnern ist Sachsen-Anhalt wichtiges Industriezentrum der DDR. Viele Menschen leben von der Chemieindustrie, dem Kali- und Steinsalzbergbau sowie vom Maschinen- und Fahrzeugbau. Wichtigste Städte sind die frühere Hauptstadt Halle und Magdeburg.

Das 24 669 Quadratkilometer (1946) große Land grenzt im Westen an Niedersachsen. Es wurde erst nach dem Zweiten Weltkrieg von der sowjetischen Militärverwaltung aus der preußischen Provinz Sachsen und dem Land Anhalt gebildet. Damals fiel der größte Teil des alten Bezirks Erfurt an Thüringen.

THÜRINGEN: Der Thüringer Wald erstreckt sich über den größten Teil des Landes im Südwesten der DDR. In den drei Bezirken leben rund zweieinhalb Millionen Menschen. Das 15 589 Quadratkilometer (1946) große Land ist bekannt für seine kulturelle Tradition, vor allem die alte Hauptstadt Weimar, wo Johann Wolfgang von Goethe und Friedrich von Schiller wirkten. Die 1919 dort tagende Nationalversammlung gab der Weimarer Republik ihren Namen. Geschichtsträchtig ist auch die Wartburg bei Eisenach. Thüringen grenzt an Niedersachsen, Hessen und Bayern.

SACHSEN: Fast fünf Millionen Einwohner leben in dem bevölkerungsreichsten Land im Südosten der DDR. In der Wirtschaftskraft ist Karl-Marx-Stadt (früher Chemnitz) der zweitstärkste DDR-Bezirk nach Halle und Zentrum des Maschinen- und Fahrzeugbaus sowie der Textil- und Bekleidungsindustrie. In Zwickau wird der Trabi gebaut. Aus Meißen kommt das berühmte Porzellan. Der größte Computer- und Büromaschinenhersteller der DDR, Robotron, sitzt in Dresden.

Das im 19. Jahrhundert industrialisierte Sachsen entwickelte sich zum Heimatland der deutschen Arbeiterbewegung. 1863 gründete Ferdinand Lassalle den Vorläufer der Sozialdemokratischen Partei. Dresden als Kulturzentrum, die Sächsische Schweiz und das Elbetal locken Touristen aus aller Welt an. Ziel der Geschäftsleute ist die Leipziger Messe. Das 16 992 Quadratkilometer (1946) große Sachsen grenzt an einem kleinen Stück bei Hof an Bayern, im wesentlichen an die CSSR und den Süden Polens.

Die Komponisten Carl-Maria von Weber und Richard Wagner, der Philosoph Gottfried Wilhelm Carl von Leibniz und die Schriftsteller Erich Kästner und Joachim Ringelnatz stammten aus Sachsen.

Dienstag, 20. Februar 1990

Deutschland heute

Fläche: 360 000 Quadratkilometer
Einwohner: 79 Millionen
Erwerbstätige: 35,8 Millionen

Die Länder und ihre Einwohner

Schleswig-Holstein: 2,6 Mio.
Hamburg (Stadtstaat): 1,6 Mio.
Mecklenburg-Vorpommern: 2,2 Mio.
Bremen (Stadtstaat): 660 000

Niedersachsen: 7,2 Mio.
Brandenburg: 2,8 Mio.
Berlin (Stadtstaat): 3,4 Mio.
Nordrhein-Westfalen: 16,9 Mio.

Hessen: 5,6 Mio.
Thüringen: 2,6 Mio.
Sachsen-Anhalt: 3,0 Mio.
Sachsen: 4,9 Mio.

Rheinland-Pfalz: 3,8 Mio.
Saarland: 1,1 Mio.
Baden-Württemberg: 9,4 Mio.
Bayern: 11,2 Mio.

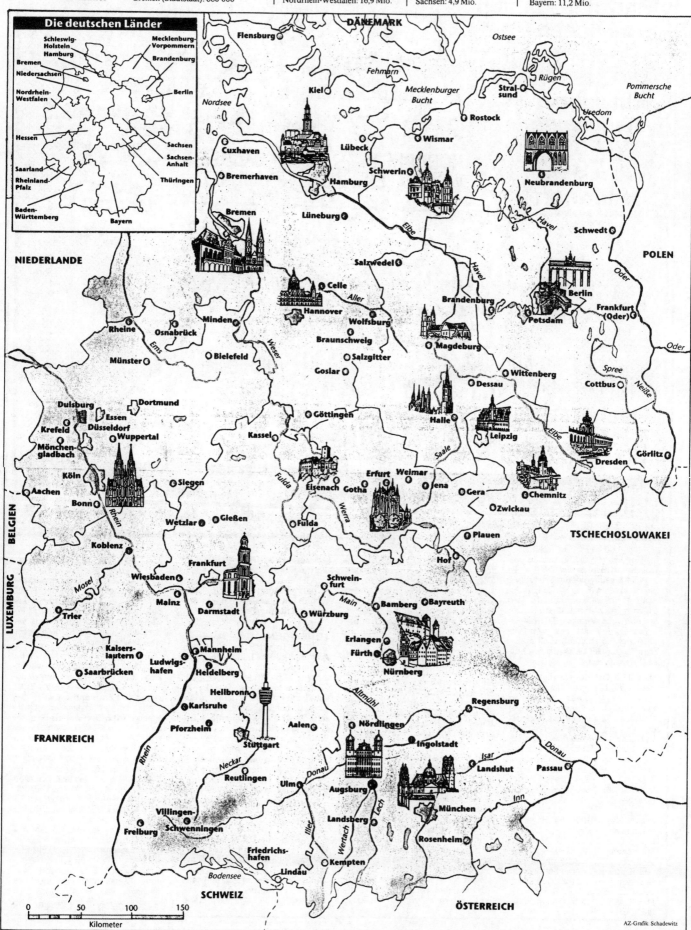

AZ-Grafik: Schadewitz

| ERDKUNDE | NAME: _____ | KLASSE: _____ | DATUM: _____ | NR.: ___ |

Die neuen deutschen Länder (1)

Stralsunder Rathaus und Türme der Nikolaikirche

Schloß Güstrow zählt zu den schönsten Renaissance-Schlössern

Südfassade des Schweriner Schlosses

Das gotische Stargarder Tor in Neubrandenburg

Neues Tor in Neubrandenburg

Mecklenburg-Vorpommern

Ostsee · Rügen · Stralsund · Rostock · Greifswald · VORPOMMERN · MECKLEN-BURG · Wismar · Güstrow · Mecklenburger Seenplatte · Neubrandenburg · Schwerin · Neustrelitz · Elbe

0 km 50

SZ-Karte: Brinker

Fläche: 23 840 km² (Hessen: 21 110 km²); Einwohner: 2 Millionen

Hauptstadt: _____

Weitere größere Städte: _____

(der Größe nach) _____

_____

Industrie: _____

_____

_____

Landwirtschaft: _____

_____

Mecklenburg-Vorpommern: Wo Natur das Kapital ist

Doch die Idylle täuscht: Strukturprobleme und mangelhafte Verkehrsanbindung machen der Region im Nordosten schwer zu schaffen

Von unserem Redaktionsmitglied
Martin Ferber

Berlin

Die erste Enttäuschung haben die Bürger Mecklenburg-Vorpommerns schon hinter sich. Das Land, dessen Reichtum die nach außen noch unberührt erscheinende Landschaft ist, erwartete einen Supersommer. Doch der Ansturm der Touristen in das Land der 650 Seen, der Ostseeküste und der Inseln Rügen und Usedom blieb aus. Nichts wurde aus dem erhofften Geschäft mit dem Fremdenverkehr. Die Erholungsuchenden aus der ehemaligen DDR, die früher gleich betriebsweise an die Ostsee gekarrt wurden, kamen nicht mehr, die verwöhnten Bundesbürger noch nicht. Vor allem die fehlende Infrastruktur, der mangelnde Komfort und Versorgungsengpässe hielten die „Wessis" ab, im ersten Sommer nach der Grenzöffnung das unbekannte Land zwischen Elbe und Ostsee zu besuchen.

Dabei ist die Natur das größte Kapital des neuen Bundeslandes Mecklenburg-Vorpommern. Die Zeit scheint stillgestanden, scheint das Land mit umwälzenden Entwicklungen verschont zu haben. Fernab der großen Metropolen und Industriezentren ist im nordöstlichsten Bundesland das alte Deutschland noch lebendig. Dicke und mächtige Alleebäume säumen die buckeligen Landstraßen, unberührt erscheint die Landschaft entlang der Mecklenburger Seenplatte, saftige grüne Wiesen und golden strahlende Weizenfelder künden von der Ertragskraft der Böden. Kein Bundesland im gesamten Deutschland ist derart dünn besiedelt wie Mecklenburg-Vorpommern: Zwei Millionen Menschen leben auf einer Fläche von 23 840 Quadratkilometern.

Doch die Idylle täuscht. Das Land, das jetzt aus den Bezirken Neubrandenburg, Rostock und Schwerin entstehen wird, ist eine von Problemen geschüttelte Region. Machte man schon im Kaiserreich Witze über die Rückständigkeit Mecklenburgs – gerne wird der Satz Bismarcks zitiert: „Wenn einmal die Welt untergeht, dann ziehe ich nach Mecklenburg, denn dort kommt alles hundert Jahre später" –, so hat sich an der Strukturschwäche des Ostseelandes auch in den 40 Jahren der SED-Herrschaft wenig geändert. Die Infrastruktur ist mangelhaft, es fehlt an leistungsfähigen Straßen- und Eisenbahnverbindungen in West-Ost-Richtung (beispielsweise von Lübeck über Wismar und Rostock nach Stralsund), und die Wirtschaftskraft ist gering. Nur 7,5 Prozent trug das Land zur Industrieproduktion der früheren DDR bei – und das in Bereichen, die nun überdurchschnittlich stark von Rationalisierung betroffen sind.

Werften in Not

Das gilt vor allem für die Werften in den drei Ostseestädten Wismar, Rostock und Stralsund. 60 000 Menschen erhielten hier Brot und Arbeit, hergestellt wurden überwiegend Fracht- und Fischereischiffe für die Sowjetunion und andere Länder des Rates für gegenseitige Wirtschaftshilfe.

Doch damit ist nun Schluß. Die Aufträge laufen aus, neue sind nicht in Sicht, denn in der Produktivität liegen die mecklenburgischen Werften um bis zu 40 Prozent hinter den bundesdeutschen. Der Überseehafen in Rostock, einst als „Ulbrichts Tor zur Welt" verspottet, hat gegen Hamburg keine Chance. Weitere 100 000 Arbeitsplätze sind in der Landwirtschaft in Gefahr; das Kernkraftwerk in Greifswald wird stillgelegt, die Reifenfabrik in Neubrandenburg hat keine Überlebenschance. Schon jetzt ist die Arbeitslosigkeit in Mecklenburg-Vorpommern höher als in jedem anderen neuen Bundesland.

Neubrandenburg

Warnemünde

| ERDKUNDE | NAME: _____ | KLASSE: _____ | DATUM: _____ | NR.: ____ |

Die neuen deutschen Länder (2)

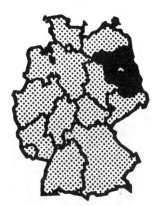

1936 wurde es von den Nationalsozialisten als Konzentrationslager errichtet. In 68 Baracken wurden hier etwa 200.000 Menschen aus 47 Nationen gefangengehalten.

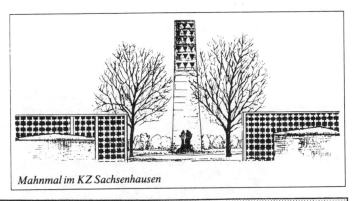

Mahnmal im KZ Sachsenhausen

Marienkirche in Frankfurt/Oder

Ruine der fünfschiffigen Marienkirche, ein spätgotischer Backsteinbau aus dem 15. Jahrhundert, der 1945 ausbrannte.

Die 77 m lange und 46 m breite Kirche war die bedeutendste Hallenkonstruktion in der Mark Brandenburg. Der Märtyrerchor mit dem geretteten Marienaltar, ein spätgotisches Werk aus der 2. Hälfte des 15. Jahrhunderts, wurde für den Gottesdienst wiederhergestellt.

Brandenburg

Fläche: 29 100 km² (größtes Land; Nordrhein-Westfalen hat 34 070 km²)
Einwohner: 2,7 Millionen

Schloß Sanssouci in Potsdam

Das größte Gebäude im Park von Sanssouci ist das prachtvolle Neue Palais mit 322 Fenstern, 230 Pilastern und 428 Statuen. Am 1. Mai 1747 gab Friedrich der Große anläßlich der Einweihung des Schlosses ein Festessen für 200 Gäste.

Hauptstadt: _____

Weitere große Städte: _____

(der Größe nach) _____

Industrie: _____

_____

Landwirtschaft: _____

_____

Flüsse: _____

Sanssouci

Potsdam, Orangerie

Brandenburg: Schmusekurs in der ›Streusandbüchse‹

Berlin

Theodor Fontane, der mit seinen „Wanderungen durch die Mark Brandenburg" dem Gebiet rings um Berlin an Havel und Spree ein literarisches Denkmal gesetzt hat, muß in diesen Tagen oft als Zeuge herhalten. Wer immer über das neue Bundesland spricht, schlägt bei Fontane nach. Vor allem ein Satz ist es, der gerne zitiert wird: „Ich bin durch die Mark gezogen und habe sie reicher gefunden, als ich zu hoffen gewagt hatte." Fontanes Aha-Erlebnis aus längst vergangenen Zeiten soll den Menschen auch jetzt Mut machen, wenn das strukturschwache Land, einst als „Streusandbüchse des Heiligen Römischen Reiches deutscher Nation" verspottet, neu entsteht.

Wer Brandenburg sagt, denkt eigentlich an Preußen – und das ist nicht zu Unrecht. Denn die (schwäbischen) Fürsten aus dem Hause Hohenzollern, die im Jahre 1415 mit der damals so unwirtlichen und kargen Mark belehnt wurden, machten die Region um Berlin zum Kernland ihres Staates. 1618 kam dann Preußen, das weit im Osten gelegene Herzogtum, als Lehen des polnischen Königs dazu.

Preußens Gloria

Unter dem „Großen Kurfürst" begann der Aufstieg des nach dem Dreißigjährigen Krieg verheerten und verwüsteten Landes. Brandenburg verschwand als eigenständiges Land ganz im langen Schatten von Preußens Glanz und Gloria. Der „Soldatenkönig" Friedrich Wilhelm und vor allem Friedrich II. („Der Große") machten aus Preußen eine europäische Großmacht, die sich ganz auf ihre Soldaten stützte. Preußen, so hieß es damals, sei kein Staat, der sich eine Armee leiste, sondern eine Armee, die sich einen Staat halte.

Obwohl die Alliierten per Dekret am 25. Februar 1947 Preußen als Inbegriff des Militarismus aufgelöst haben, ist das Erbe Preußens in Brandenburg auf Schritt und Tritt lebendig: Nicht nur in Potsdam stehen die großartigen Schlösser von Sanssouci und Cecilienhof, auch in Rheinsberg und Königs-Wusterhausen haben die Hohenzollern ihre Spuren hinterlassen. Aber nicht nur sie. Das Konzentrationslager Sachsenhausen bei Oranienburg erinnert an die schrecklichsten Auswüchse des Dritten Reiches und – seit neuestem – auch an die Verfolgung Andersdenkender nach 1945. Brandenburg ist so ein lebendiges Geschichtsbuch.

Mit einer Fläche von 29 100 Quadratkilometern ist Brandenburg das größte der neuen Bundesländer auf dem Gebiet der DDR. Ohne Berlin, das als eigenes Bundesland werden wird, zählt es aber gerade 2,7 Millionen Einwohner. Zur Zeit der SED-Herrschaft steuerte die Mark gerade ein Fünftel zur industriellen Produktion der DDR bei. In den Städten Brandenburg, Hennigsdorf, Oranienburg sowie dem in den 50er Jahren aus dem Boden gestampften Eisenhüttenstadt wurden Stahlproduktion und -verarbeitung konzentriert, in Schwedt/Oder entstand das Zentrum der Petrochemie, der Braunkohleabbau prägte das Gebiet der Niederlausitz um Cottbus. Ansonsten ist die Mark noch immer agrarisch strukturiert. Das Havelland versorgte die DDR mit Obst, im Oderbruch entstand der größte Gemüsegarten des Landes. Doch auch die intensive Landwirtschaft hat ihre Spuren hinterlassen. Allen Naturschönheiten der Mark zum Trotz sind die Umweltschäden immens.

Von unserem Redaktionsmitglied
Martin Ferber

ERDKUNDE	NAME:	KLASSE:	DATUM:	NR.:

Die neuen deutschen Länder (3)

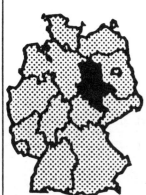

Marktkirche Unser Lieben Frauen; sie steht an der Stelle zweier alter romanischer Kirchen, die 1529 bis auf die Türme abgebrochen wurden. Zwischen diesen Türmen wurde eine dreischiffige spätgotische Hallenkirche errichtet, sie wurde 1537 geweiht, allerdings erst einige Jahre später endgültig fertiggestellt. Von der vielfältigen Innenausstattung besonders bemerkenswert ein spätgotischer Flügelaltar von 1529, wahrscheinlich aus der Cranach-Werkstatt, die Kanzel von 1535, ein Taufkessel aus Bronze, 15. Jh.

Rote Turm, ein freistehender Glockenturm (84 m). Die Umbauung aus Stahl und Glas, 1976, dient für Ausstellungen.

Halle: Marktplatz und Marktkirche und Rotem Turm

Magdeburger Dom

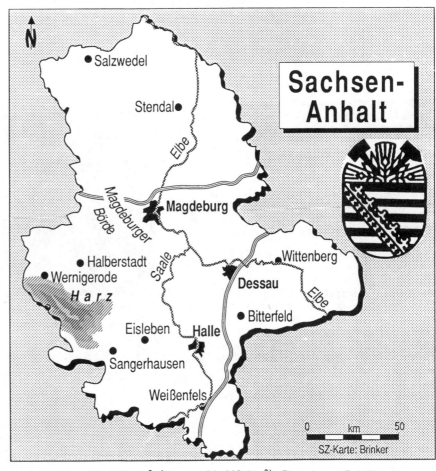

SZ-Karte: Brinker

Fläche: 20 400 km² (Hessen 21 110 km²); Einwohner: 3 Millionen

Hauptstadt: _____

Weitere große Städte: _____

(der Größe nach) _____

Industrie: _____

_____

Landwirtschaft: _____

_____

Flüsse: _____

Stiftskirche und Schloß in Quedlinburg

Sachsen-Anhalt: Eine eigene Identität fehlt

Das ökologische Desaster bestimmt die Gegenwart

Von unserem Korrespondenten
Martin Ferber

Berlin

Nicht nur die Bundesrepublik, auch die einstige DDR hat ihre „Bindestrich-Bundesländer" – künstliche Gebilde, die nach dem Zweiten Weltkrieg durch das Zusammenfügen mehrerer Territorien entstanden sind.

Sachsen-Anhalt ist so ein Beispiel. Es hat gerade fünf Jahre existiert, von 1947 bis 1952, und bestand aus der ehemaligen preußischen Provinz Sachsen um Magdeburg und Merseburg sowie dem Land Anhalt, wobei der größte Teil des alten Bezirks Erfurt an Thüringen fiel.

Ein eigenständiges Landesbewußtsein konnte sich in dieser kurzen Zeit, anders als in Thüringen, Sachsen oder Brandenburg, nicht entwickeln, was wiederum erklärt, weshalb der Streit um den zukünftigen Regierungssitz zwischen Magdeburg (wahrscheinlich) und Halle in den letzten Wochen so erbittert ausgetragen worden ist.

Sachsen-Anhalt, mit drei Millionen Einwohnern und einer Fläche von 20 400 Quadratkilometern etwa so groß wie Hessen und nun Nummer neun der gesamtdeutschen Bundesländer, ist ein Land der Gegensätze und der Kontraste.

Fruchtbare Böden

Im Süden das Industriegebiet der Ex-DDR schlechthin mit Orten wie Halle, Merseburg und Bitterfeld sowie Firmen wie Leuna und Buna, im Norden die fruchtbarsten Böden Deutschlands, die Magdeburger Börde, früher einmal die Kornkammer des Reiches. Der Harz mit seiner höchsten Erhebung, dem Brocken, gehört genauso dazu wie die Elbe als Lebensader, die Lutherstadt Wittenberg ebenso wie der – inzwischen eingestellte – Bergbau in Mansfeld. Die Gegensätze machen die Entstehung einer neuen sächsisch-anhaltischen Identität schwer.

Dabei haben die Menschen zwischen Harz und Havel, Salzwedel und Zeitz allen Grund, auf die Geschichte und die Vergangenheit ihrer Region im Herzen Deutschlands stolz zu sein.

Unter den Ottonen war Magdeburg im 10. Jahrhundert der Mittelpunkt des Reiches, in Wittenberg lehrte der Mönch Martin Luther, der am 30. Oktober 1517 an der Tür der Schloßkirche seine Thesen anschlug und damit die Reformation einläutete, an der Universität in Halle hielt Christian Thomasius 1687 die erste Vorlesung in deutscher Sprache, in Köthen komponierte Johann Sebastian Bach die „Brandenburgischen Konzerte" und die Prinzessin Sophie Auguste Friederike von Anhalt-Zerbst ging als Zarin Katharina die Große in die Geschichtsbücher ein. In Halle wurde Georg Friedrich Händel geboren, und der Name Dessau ist seit den 20er Jahren untrennbar mit dem des Bauhauses um Walter Gropius verbunden.

Doch das alles ist längst Vergangenheit. Die Gegenwart Sachsen-Anhalts wird bestimmt von dem maroden Erbe, das der SED-Staat den Menschen in den Bezirken Magdeburg und Halle hinterlassen hat.

Hier stehen die „Dreckschleudern" der einstigen DDR. Die Chemieindustrie rund um Halle sowie in Bitterfeld, der Schwermaschinen- und Anlagebau in Magdeburg, der Waggonbau in Dessau sowie der Braunkohleabbau machten das Gebiet zur wirtschaftsstärksten Region der ehemaligen DDR – aber auch zum ökologischen Notstandsgebiet. Der Kupferbergbau im Mansfelder Land wurde bereits eingestellt, die aus dem Jahr 1916 stammende Anlage zur Ammoniakproduktion in Leuna stillgelegt. Bei Leuna und Buna (insgesamt 46 000 Beschäftigte) werden wohl insgesamt 16 000 Mitarbeiter ihren Arbeitsplatz verlieren.

Magdeburger Dom

Dom St. Mauritius und Katharina. Er zählt zu den bedeutendsten Denkmalen europäischer mittelalterlicher Architektur und birgt Bildwerke von höchstem künstlerischem Rang. Der erste, im Jahre 955 begonnene ottonische Bau ist 1207 abgebrannt; unter dem gotischen Chor haben sich einige Teile, die seit 1920 zugänglich sind, erhalten. Kaiser Otto I. und seiner Gemahlin Editha ist das 1235 geschaffene Doppelbildnis im Dom gewidmet; ein Standbild Otto I. (um 1310) findet sich am Westportal. Der jetzige Bau wurde von 1209 bis 1520 in mehreren Bauabschnitten errichtet, der Dom wurde im Jahre 1363 geweiht, noch vor der erst 1520 erfolgten Vollendung des Westbaus. Die dreischiffige Basilika ist die erste gotische Kathedrale auf deutschem Boden, sie geht auf französische Vorbilder zurück, allerdings nur dem Grundriß, nicht dem Aufbau nach. Von dem ottonischen Dom sind die Reste einer 1926 ausgegrabenen Krypta erhalten. Der 1945 beschädigte Dom war 1955 bereits wiederhergestellt.

Wittenberg: Marktplatz, im Hintergrund Luthers „Thesenkirche"

Wenigerode: 1277 als „Spielhaus" gebaut, 1990 als schönstes Rathaus des Landes gefeiert

| ERDKUNDE | NAME: _____ | KLASSE: _____ | DATUM: _____ | NR.: ___ |

Die neuen deutschen Länder (4)

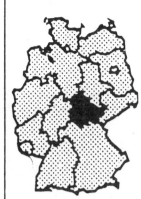

Dom (Mariendom) erhebt sich an der Stelle der von Bonifatius errichteten Kirche, die Mitte des 12. Jh. verfiel. Der Dombau begann 1154 als spätromanische Basilika, es kam in den nächsten Jahrhunderten zu Erweiterungen und hochgotischen Umbauten. Aus dieser Epoche stammt der Chor mit seinen 13 bedeutenden Fenstern, die mit leuchtenden Glasmalereien geschmückt sind. Um 1330 entstand auch der Triangel-Portalvorbau mit reich skulptierten Gewändeportalen. Der spätgotische Neubau wurde nach Einsturz des Langhauses im 15. Jh. vollendet, 1967 begannen umfangreiche Restaurierungen.

Erfurter Dom und St. Severikirche

Wartburg bei Eisenach

Lutherhaus in Eisenach

Fläche: 16 300 km² (Schleswig-Holstein: 15 730 km²)
Einwohner: 2,7 Millionen

Hauptstadt: _____

Weitere große Städte: _____

(der Größe nach) _____

Industrie: _____

_____

Landwirtschaft: _____

_____

Goethes Gartenhaus in Weimar

Flüsse: _____

Thüringen: Das grüne Herz der Bundesrepublik

Kleines Land vor großen wirtschaftlichen Problemen

Von unserem Redaktionsmitglied
Martin Ferber

Berlin

Es ist ein junges Land mit einer großen Geschichte: Am 23. April 1920 beschloß die in Weimar tagende Nationalversammlung, die Länder Sachsen-Weimar-Eisenach, Sachsen-Meiningen, Reuß, Sachsen-Altenburg, Sachsen-Gotha und Schwarzburg-Sondershausen zum Lande Thüringen zu vereinigen. Nach Jahrhunderten der Teilung gab es damit jenes alte Land wieder, das im 6. Jahrhundert im Zuge der Völkerwanderung entstanden und als Herzogtum eine große Rolle in der deutschen Geschichte gespielt hatte.

Nun entsteht es wieder: Am 14. Oktober vereinigen sich die Bezirke Erfurt, Suhl und Gera zum neuen Bundesland Thüringen. Mit einer Fläche von 16 300 Quadratkilometern ist es das kleinste der neuen Länder auf dem Gebiet der Ex-DDR, mit rund 2,7 Millionen Einwohnern ist es in etwa so groß wie Rheinland-Pfalz. 40 Jahre in der südwestli-

chen Ecke der DDR gelegen, rückt das „grüne Herz Deutschlands" zwischen Unstrut, Harz und Rhön wieder in die Mitte des Landes. Und es bringt ein reiches historisches wie kulturelles Erbe mit: Von den Bauernkriegen und der Reformation bis zur Weimarer Republik war das Land Schnittpunkt deutscher Geschichte; hier lebten und wirkten Martin Luther und Thomas Müntzer, Lucas Cranach und Walter Gropius, Johann Wolfgang von Goethe und Friedrich Schiller. Auf der Wartburg übersetzte Luther die Bibel in die deutsche Sprache, Weimar ist Synonym für die deutsche Klassik sowie für die erste Republik auf deutschem Boden, in Eisenach, Erfurt und Gotha entstand die sozialdemokratische Partei, Suhl ist die „Waffenschmiede" Deutschlands, in Jena schuf Carl Zeiss sein weltberühmtes Werk für Feinoptik, das auch ob seiner sozialen Leistungen zum Vorbild wurde.

40 Prozent Thüringens sind mit Wald bedeckt. So soll nicht nur rings um das Wintersportzentrum Oberhof am Höhenkamm des Thüringer Waldes der Fremdenverkehr ausge-

baut werden, auch Weimar und der Kyffhäuser, Eisenach mit der Wartburg und Meiningen hoffen auf den Strom der Touristen. Doch der Fremdenverkehr allein wird das Land nicht sanieren können. Fast alle Branchen stecken in einer schweren Krise – der Maschinenbau ebenso wie der Fahrzeug- und Gerätebau oder die optische und elektronische Industrie. Der umweltbelastende Bergbau dürfte keine Zukunftschance haben. Zehntausenden von Kumpeln droht die Arbeitslosig

Erfurt, Dom und Severinkirche

Eisenach, Wartburg

Rathaus in Gera

Portal der Alten Universität in Erfurt

ERDKUNDE	NAME:	KLASSE:	DATUM:	NR.:

Die neuen deutschen Länder (5)

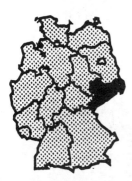

Albrechtsburg, die mit dem Dom zusammen einen geschlossenen Komplex bildet, 1471–1485 von Meister Arnold aus Westfalen im spätgotischen Stil für den Kurfürsten Ernst und dessen Bruder Herzog Albrecht den Beherzten erbaut. Die nie als Residenz genutzte Burg (der Kurfürst entschied sich noch vor der Vollendung des Baus für Dresden als Residenz) wurde 1525 ergänzt und nach Beschädigung im Dreißigjährigen Krieg ab 1662 wiederhergestellt, sie war von 1710 bis 1864 Sitz der Porzellanmanufaktur, dann wurde der Bau erneuert und ausgeschmückt, viele Räume wurden ausgemalt, wobei die Künstler vor allem Motive aus der Stadt- und Landesgeschichte wählten. Bemerkenswert u. a. der Wendelstein an der Hoffassade des dreigeschossigen Bauwerks. In der Albrechtsburg befinden sich **kunstgeschichtliche Sammlungen,** u. a. sakrale Plastik und Sammlungen aus den Anfängen der Meißener Porzellanmanufaktur. Geöffnet täglich 9–17 Uhr, Nov.–März erst ab 10 Uhr.

Dom, die dritte Kirche an dieser Stelle. Die erste, eine Kapelle, wurde 948 von Otto dem Großen angelegt; die zweite, ein romanischer Bau, um 1030 begonnen. Der jetzige gotische Bau stammt aus dem 13. bis 15. Jh.

Bischofsschloß, spätgotischer Bau aus der Zeit um 1500, dient jetzt als Kreisgericht. – **Kornhaus,** seit dem Ende des 19. Jh. zu einem Wohngebäude umgestaltet.

Meißener Burgberg mit Dom, Albrechtsburg und Bischofsschloß

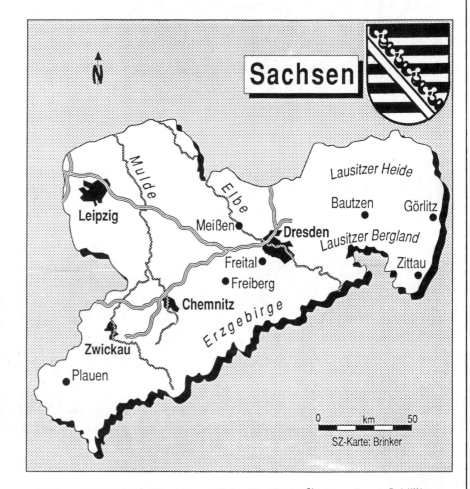

Sachsen

Mulde · Elbe · Lausitzer Heide · Bautzen · Görlitz · Leipzig · Meißen · Dresden · Lausitzer Bergland · Freital · Zittau · Freiberg · Chemnitz · Erzgebirge · Zwickau · Plauen

0 km 50

SZ-Karte: Brinker

Fläche: 18 300 km² (Rheinland-Pfalz: 19 850 km²); Einwohner: 5 Millionen

Dresden, Zwinger

Dresden, Semperoper

Hauptstadt: _____

Weitere große Städte: _____

(der Größe nach) _____

Industrie: _____

_____

Landwirtschaft: _____

_____

Flüsse: _____

Bastei-Brücke

Leipzig

Sachsen: Selbstbewußtsein im ›Tal der Schwielen‹

Von unserem Redaktionsmitglied
Martin Ferber

Berlin

An Selbstbewußtsein mangelt es den Sachsen nicht. Mit fast fünf Millionen Einwohnern auf einer Fläche von rund 17 000 Quadratkilometern bilden die ehemaligen Bezirke Dresden, Leipzig und Chemnitz (Karl-Marx-Stadt) das bevölkerungsreichste Land der Ex-DDR. Ihre Identität schöpfen sie aus der reichen Vergangenheit, der Geschichte und großen kulturellen Leistung des einstigen Kurfürstentums und späteren Königreiches.

Der Silberbergbau im Erzgebirge sorgte für Reichtum, die verkehrsgünstige Lage Leipzigs an den großen Handelsstraßen begünstigte den Aufstieg der Stadt zum Handelsplatz und zur Messemetropole (seit 1268). Seine Blüte erlebte Sachsen unter der Herrschaft von Friedrich August I. (1670–1733), besser bekannt als August der Starke. Der Kurfürst, der auch König von Polen war, förderte Wirtschaft, Kultur und Geistesleben. Unter seiner Herrschaft entstand die weltberühmte Porzellanmanufaktur in Meißen, Leipzig wurde zum Zentrum des Buchdrucks, des Buchhandels und des Handels. Augusts Residenzstadt Dresden entwickelte sich zum „Elbflorenz" – das Schloß, der Zwinger und die Semperoper sind untrennbar mit seinem Namen verknüpft. In Leipzig wirkte Johann Sebastian Bach, an der 1409 gegründeten Universität lernten oder lehrten Gottsched, Leibniz, Goethe und Fichte.

Im 19. Jahrhundert erlebte Sachsen mit der Industrialisierung noch einmal eine Blütezeit. Um 1900 war das Land das dichtbesiedeltste Gebiet Europas mit 300 Einwohnern pro Quadratkilometer (Bundesrepublik: 250). So ist Sachsen auch noch heute ein Zentrum des Maschinen- und Fahrzeugbaus, aber auch der Textil- und Bekleidungsindustrie. Nach Halle war Chemnitz wirtschaftlich der zweitstärkste Bezirk der ehemaligen DDR. Aus Zwickau stammt der „Trabi", aus Meißen

kommt nach wie vor das Porzellan und in Dresden sitzt der Computer- und Büromaschinenhersteller Robotron.

Seit den 30er Jahren wird im Raum südlich von Leipzig Braunkohle im Tagebau gefördert – die Region um Böhlen, Espenhain und Borna zählt deshalb zu den ökologisch höchstbelasteten Europas.

Bei aller Industrialisierung wurde Sachsen aber nie ein Land der Schwerindustrie, sondern behielt eine breite handwerklich-mittelständische Struktur mit Veredelungsbetrieben in den Bereichen Feinmechanik, Optik und Textilien.

Meissen

Typisch für das Alte Rathaus sind die Zwerchgiebel, die Arkaden, die heute Läden beherbergen, und der Turm mit einer barocken Laterne.

Die neuen deutschen Länder (Lösungen)

Mecklenburg-Vorpommern

Hauptstadt:	Schwerin
Weitere große Städte: (der Größe nach)	Rostock, Neubrandenburg, Stralsund, Greifswald, Wismar
Industrie:	Tourismus, Güterhafen, Werften, Reederei, Fischverarbeitung
Landwirtschaft:	Getreide, Obst, Gemüse, Fischerei

Brandenburg

Hauptstadt:	Potsdam
Weitere große Städte: (der Größe nach)	Cottbus, Brandenburg, Frankfurt/Oder
Industrie:	Braunkohle, Chemie, Energiewirtschaft, Walzwerke
Landwirtschaft:	Getreide, Kartoffeln, Obstbau, Forstwirtschaft
Flüsse:	Oder - 860 km, Spree - 382 km, Havel - 343 km, Neiße 182 km

Sachsen-Anhalt

Hauptstadt:	Magdeburg
Weitere große Städte: (der Größe nach)	Halle, Dessau, Wernigerode, Wittenberg
Industrie:	Braunkohle- und Kalibergbau; Chemieindustrie (Bitterfeld); Maschinen- und Anlagenbau
Landwirtschaft:	Weizen, Gerste, Hopfen, Rüben
Flüsse:	Saale - 142 km

Thüringen

Hauptstadt:	Erfurt
Weitere große Städte: (der Größe nach)	Gera, Jena, Weimar, Eisenach, Gotha
Industrie:	Spielwaren, Mikroelektronik, Feinmechanik, Optik, Autos, Textil
Landwirtschaft:	Getreide, Zuckerrüben, Obst, Gemüse, Blumen
Flüsse:	Werra - 292 km, Unstrut - 192 km, Ilm - 120 km

Sachsen

Hauptstadt:	Dresden
Weitere große Städte: (der Größe nach)	Leipzig, Chemnitz, Zwickau, Görlitz, Bautzen
Industrie:	Textil, Metall, Elektrotechnik, Braunkohle, Energiewirtschaft, Computer, Autos, Kleingewerbe
Landwirtschaft:	Kartoffeln, Getreide, Rüben, Gemüse, Blumen, Forstwirtschaft
Flüsse:	Elbe - 1165 km

ERDKUNDE

NAME: _____ KLASSE: _____ DATUM: _____ NR.: ___

Dom

Dom, Bezirk Mitte, an der Nordostseite des Marx-Engels-Platzes (früher Lustgarten). Kaiser Wilhelm II. ließ den Dom 1894–1905 mit reichlichem Schmuck im Stil der italienischen Hochrenaissance durch *Julius* und *Otto Raschdorff* erbauen. Jetzige Gesamthöhe des Sandsteinbaus 85 m, Kuppel 31 m breit. Nach den Kriegszerstörungen war die Kirche in etwas vereinfachter Form unter erheblicher Finanzhilfe der Evangelischen Landeskirche Deutschlands wiederaufgebaut worden bis auf die Denkmalskirche.

Nationalgalerie in Berlin

Nationalgalerie, Eingang Bodestraße, in der Form eines korinthischen Tempels auf hohem Unterbau; über dem Eingangsportal das Bronze-Reiterstandbild Friedrich Wilhelms IV. von *Calandrelli*, 1886.

Wilhelm-von-Humboldt-Denkmal vor der gleichnamigen Universität

Deutschlands neue alte Hauptstadt

Berlin-West und Berlin-Ost — bis vor kurzem noch wie zwei Welten, jetzt wieder eine Metropole

Seit 1945 ist der östliche Teil Berlins sowjetischer Sektor, seit 1949 Hauptstadt der DDR. 1961 wurde Ost-Berlin in einer Nacht-und-Nebel-Aktion durch den Bau der Mauer von West-Berlin abgetrennt. Im November 1989 fiel die Mauer, die Menschen konnten wieder ungehindert zueinander kommen.

Berlin ist mit einer Gesamtfläche von 883 km^2 die größte Stadt Deutschlands. Davon entfallen 480 km^2 auf West-Berlin und 403 km^2 auf Ost-Berlin. In Berlin wohnen heute rund 3 Millionen Menschen. Über ein Drittel der Gesamtfläche der Metropole ist bebaut.

Brandenburger Tor

Brandenburger Tor, 1788 bis 1791 von Carl Gotthard Langhans d. Ä. erbaut, in freier Anlehnung an die Propyläen der Akropolis in Athen. Zwei Jahre später wurde der Bau durch ein Viergespann (Quadriga) und eine Siegesgöttin im Siegeswagen ergänzt. Napoleon entführte 1806 die Quadriga als Siegeszeichen nach Paris. 1814 holte Marschall Blücher sie wieder zurück. Auf Wunsch Friedrich Wilhelm II. wurde die Trophäe in der Hand der Siegesgöttin nach einer Zeichnung von Schinkel geändert. Insgesamt ist das Brandenburger Tor 20 m hoch, 62,5 m breit und 11 m tief. Die Höhe eines Pferdes beträgt 3,6 m, es ist 4 m lang und 13 Zentner schwer. Mit dem Bau der Mauer 1961 war das Brandenburger Tor auch für Fußgänger nicht mehr zugänglich. Wiedereröffnung am 22. 12. 1989.

Die weltbekannte Deutsche Staatsoper Berlin

Schloß Charlottenburg vereint spätbarocke und klassizistische Elemente

DEUTSCHLAND in ZAHLEN

Einwohner: 78,4 Millionen
Fläche: 357.042 km²
Hauptstadt: Berlin

Größte Städte über 500.000

(Einwohner in 1000)

Berlin	3248
Hamburg	1595
München	1206
Köln	934
Frankfurt	623
Essen	620
Dortmund	584
Düsseldorf	567
Stuttgart	560
Leipzig	549
Bremen	533
Duisburg	525
Dresden	521

Bedeutende Flüsse

Rhein	865 km
Oder	860 km
Donau	647 km
Elbe	566 km
Main	524 km
Weser	440 km
Mulde	433 km
Saale	427 km
Neckar	367 km
Havel	343 km
Spree	382 km
Ems	371 km

Die größten Seen

Bodensee	538 km²
Müritz	115 km²
Chiemsee	82 km²
Schweriner See	66 km²
Starnberger See	57,2 km²
Plauer See	39 km²
Kummerower See	33 km²
Kölpinsee	21 km²
Tollensesee	17 km²
Walchensee	16,4 km²

Gebirge und Berge

Alpen

Wettersteingebirge: Zugspitze	2962 m
Berchtesgadener Alpen: Watzmann	2713 m
Allgäuer Alpen: Mädelegabel	2645 m
Nebelhorn	2224 m
Schwarzwald: Feldberg	1493 m
Bayerischer Wald: Großer Arber	1446 m
Schwäbische Alb: Lemberg	1015 m
Pfälzer Wald: Donnersberg	686 m
Odenwald: Katzenbuckel	626 m
Fränkische Alb: Hesselberg	689 m
Fichtelgebirge: Schneeberg	1051 m
Rheinisches Schiefergebirge	
Taunus: Großer Feldberg	879 m
Rothaargebirge: Langenberg	843 m
Hunsrück: Erbeskopf	818 m
Eifel: Hohe Acht	747 m
Rhön: Wasserkuppe	950 m
Harz: Brocken	1142 m
Thüringer Wald: Großer Beerberg	982 m
Erzgebirge: Fichtelberg	1214 m
Elbsandsteingebirge: Großer Zschirnstein	561 m
Zittauer Gebirge: Lausche	793 m

Die größten Inseln

Rügen	920 km²	
Usedom	354 km²	(deutscher Anteil)
Fehmarn	185,3 km²	
Sylt	99,1 km²	
Föhr	82,8 km²	
Nordstrand	50,1 km²	

Lit.: Die Bilder zu den neuen Bundesländern entstammen hauptsächlich dem empfehlenswerten GRIEBEN-Reiseführer, Band 303, DDR, Stuttgart 1990 (GRIEBEN) und verschiedenen Reiseprospekten.

Raumordnung in der Bundesrepublik Deutschland

Die großräumigen Gebietsteile der Bundesrepublik Deutschland sind im Hinblick auf Infrastruktur, wirtschaftliche Leistungskraft, Bevölkerung, soziales Gefüge und Umweltbedingungen durch starke Unterschiede gekennzeichnet. Zum Teil ist dieses Gefälle noch eine Folge gewerblicher Standortwahl und städtischer Verdichtung im Industrialisierungsprozeß des 19. Jahrhunderts, denn auch beim Wiederaufbau nach dem Zweiten Weltkrieg wurden die alten Industriestandorte zunächst beibehalten, und von den bestehenden Ballungszentren ging in den Nachkriegsjahren erneut eine starke Sogwirkung auf die durch Flucht und Vertreibung mobilisierten Volksteile, aber auch auf die Landbevölkerung aus. Die räumliche Konzentration im damaligen Bundesgebiet verlangsamte sich erst, als ab Ende der fünfziger Jahre viele Betriebe in den ländlichen Raum verlegt wurden, um das dort vorhandene Arbeitskräfteangebot zu nutzen. Neue Ungleichgewichte brachte der wirtschaftliche Strukturwandel seit den siebziger Jahren mit sich, als manche traditionellen Industrieregionen zu „Problemräumen" mit hoher Arbeitslosigkeit wurden, während andere Standorte von der dynamischen Aufwärtsentwicklung neuer Industrie- und Dienstleistungsbranchen profitierten.

Das daraus resultierende Nord-Süd-Gefälle ist noch nicht überwunden. Nach der Vereinigung Deutschlands wird es aber überlagert durch die viel größeren regionalen Disparitäten zwischen Ost- und Westdeutschland. Schon innerhalb der ehemaligen DDR gab es stark ausgeprägte Ungleichgewichte in der Verteilung der Produktionsstandorte, der Infrastruktur und der Bevölkerung. Eine der Hauptursachen dafür war die planwirtschaftlich gelenkte Konzentration der industriellen und landwirtschaftlichen Erzeugung auf bestimmte Orte und Regionen. Viele der Gebiete, denen eine so einseitige Abhängigkeit verordnet wurde, stecken nach dem Übergang zur Marktwirtschaft in einer tiefen Krise. Zu den Schwachpunkten der Raum- und Siedlungsstruktur in den neuen Bundesländern gehören weiterhin die starken Unterschiede zwischen Stadt und Land, der Verfall vieler Städte und Dörfer, die Vernachlässigung des Umweltschutzes und das Fehlen eines leistungsfähigen und funktionsgerechten Netzes zentraler Orte.

Bund und Länder stehen demgegenüber in der Pflicht, das räumliche Gefüge so zu ordnen, daß für die Bürger in allen Teilen Deutschlands annähernd gleichwertige Lebensbedingungen geschaffen werden. Im Raumordnungsgesetz sind die allgemeinen Ziele und Grundsätze dargelegt, an denen sich die einschlägigen Planungen und Maßnahmen von Bund, Ländern und Gemeinden orientieren sollen. Daraus ergibt sich ein ganzes Bündel von Aufgaben: ○ Im gesamten Bundesgebiet ist ein ausgewogenes Verhältnis von Verdichtungsräumen und ländlichen Räumen herbeizuführen und deren Verflechtung untereinander zu verbessern. ○ Die räumliche Struktur von Gebieten mit gesunden Lebensbedingungen und ausgewogenen wirtschaftlichen, sozialen, kulturellen und ökologischen Verhältnissen soll gesichert und weiter entwickelt werden. ○ In Gebieten mit weit unterdurchschnittlichen Lebensbedingungen hat die Regionalpolitik ordnend und fördernd einzugreifen und dafür zu sorgen, daß sich die Erwerbsmöglichkeiten, die Wohnverhältnisse, die Umweltsituation und die Ausstattung mit Verkehrs-, Versorgungs- und Entsorgungseinrichtungen allgemein verbessern. ○ In den neuen Bundesländern geht es in erster Linie um die Stärkung der (wirtschaftlichen) Leistungskraft, weil davon die weitere Angleichung an die westdeutschen Lebensverhältnisse abhängt. Der räumliche Zusammenhang zwischen den ehemals getrennten Gebieten im Westen und im Osten Deutschlands ist zu verbessern. ○ Zwischen den dichtbesiedelten Gebieten mit ihrer Funktion als Wohn-, Verkehrs-, Wirtschafts- und Dienstleistungszentren und den ländlichen Gebieten, die für die landwirtschaftliche Produktion, für Freizeit und Erholung und für den ökologischen Ausgleich erhalten bleiben sollen, besteht eine klare Aufgabenteilung. In jedem Fall gilt es, Fehlentwicklungen entgegenzuwirken (z. B. der übermäßigen Umweltbelastung und der Wohnungsnot in den Städten bzw. dem Arbeitsplatzmangel, der Landflucht und dem Abbau des öffentlichen Dienstleistungsangebots im ländlichen Raum).

Das Schwergewicht der eigentlichen Raumordnungspolitik liegt auf der Länderebene. Erst dort werden die zum Teil recht allgemein und abstrakt gehaltenen übergeordneten Grundsätze der Raumordnung in greifbare und verbindliche landesplanerische Ziele umgesetzt. Die Flächenstaaten erlassen Landesplanungsgesetze, in denen Aufbau, Organisation, Verfahren und Instrumente der räumlichen Gesamtplanung nach den Rahmenvorschriften des Bundesraumordnungsgesetzes geregelt sind. Darüber hinaus verfügen die Länder über mindestens einen übergreifenden Raumordnungsplan — ein „Landesraumordnungsprogramm" oder „Landesentwicklungsprogramm" —, in dem die Ziele der Raumordnung für das ganze Land, für einzelne Landesteile, für bestimmte Gebietskategorien (Verdichtungsräume, ländliche Räume) und für einzelne Verwaltungsaufgaben (Wirtschaft, Umweltschutz, Bildungswesen usw.) festgelegt sind. Die genauere Ausgestaltung der im Landesraumordnungsplan enthaltenen Grundsätze und Ziele ist in einigen Ländern der nächst tieferen Ebene der Regionalplanung überlassen.

Da die Ausarbeitung von Landes- und Regionalplänen in den neuen Ländern noch einige Zeit in Anspruch nimmt, sind dort Übergangsregelungen erforderlich. So werden in sogenannten Vorschaltgesetzen zunächst nur die wichtigsten landesplanerischen Grundentscheidungen festgelegt und dann in Raumordnungsverfahren die verschiedenen Planungsvorhaben und Nutzungsinteressen aufeinander abgestimmt.

Raum-ordnung
in der Bundesrepublik Deutschland

Siedlungsstruktur

Gebiete mit großen Verdichtungsräumen
- Kernstädte
- Hochverdichtetes Umland
- Übriges Umland

Gebiete mit Verdichtungsansätzen
- Kernstädte
- Umland

Ländlich geprägte Gebiete

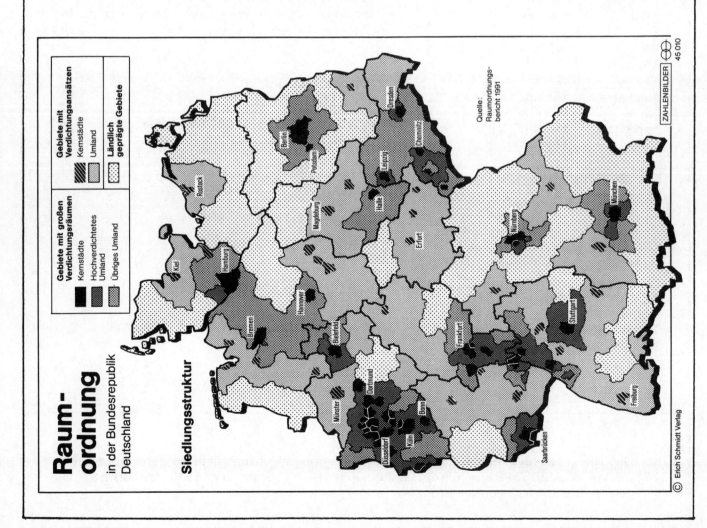

Quelle: Raumordnungsbericht 1991

ZAHLENBILDER 45 010

© Erich Schmidt Verlag

LEHRBEREICH/LEHREINHEIT   An der KÜSTE

THEMA   Wie sind die Formen der Ostseeküste entstanden?

LERNZIELE

Die Schüler sollen

- den Küstenverlauf zwischen Flensburg und Königsberg beschreiben können.

- die Entstehung der Küstenformen der Ostsee kennen.

- Fördenküste, Boddenküste, Ausgleichsküste und Haffküste unterscheiden können.

ARBEITSMITTEL/MEDIEN/LITERATUR

Wandkarte, Atlas, AB, Sandkasten,
weißes Papier in Form einer Gletscherzunge:
dicker roter Wollfaden
Tesa-film zum Ankleben des Wollfadens

Vorbemerkung:

Die Schüler bearbeiten als vorbereitende Hausaufgabe das Arbeitsblatt "Die Küste".

TAFELBILD/FOLIE

Wie sind die Formen der Ostseeküste entstanden?

Küstentypen	Merkmale	Entstehung
Boddenküste	gelappt	Gletscher
Fördenküste	rinnenartig	Schmelzwasser
Ausgleichsküste	glatt,gerad- linig	Westwinde, Meeres- strömung
Haffküste	Landzungen vor Buchten	Wind und Strömung

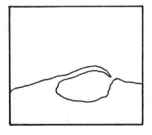 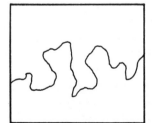  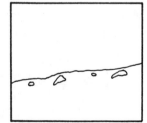

HINWEISE/NOTIZEN

Unterrichtsstufe Zielangabe	METHODE			LERNINHALTE (STOFF)	ZEIT
TZ und (TZ) Zusf.	Lehr / Lernakte	Medieneinsatz		Tafelanschrift (bzw. Folie)	
I. HINFÜHRUNG					
	Kontrolle der vorbereitenden HA	Wandkarte		SS: zeigen an der Wandkarte	
				L: heftet roten Faden geradlinig an die Wandkarte.	
	Impuls			L: So könnte der Küstenverlauf vor vielen tausend Jahren ausgesehen haben!	
	UG				
Z i e l a n g a b e		TA		SS: Wie sind die Formen der Ostseeküste enstanden?	
	SS-Vermutungen				
II. ERARBEITUNG					
	AA	AB		L: Lies den Text und unterstreiche die Namen der 4 Küstenformen (-typen)!	
		TA		Boddenküste, Fördenküste, Ausgleichsküste, Haffküste	
	SS um Sandkasten Versuch/UG			Gletscherzunge auf den Sand - Druck - mit der flachen Hand "heraushobeln"	
		TA		Begriff "gelappt", "Gletscher"	
		Wandkarte		SS: zeigen Boddenküste	
	UG			L: Als die Gletscher abschmolzen, liefen riesige Wassermengen ins Meer! Mit dem Finger von der Gletscherzunge immer wieder zum Meer fahren: Es entsteht eine Rinne.	
	Versuch				
		TA		rinnenartig, Schmelzwasser	
		Wandkarte		SS: zeigen Boddenküste	
	UG			Erarbeitung Ausgleichs- und Haffküste an der Wandkarte	
		TA		glatt, geradlinig ...	
III. SICHERUNG					
		TA/AB		Eintrag Tafelbild	
W e r t u n g				L: Welche Küste eignet sich besonders gut zum Anlegen eines Hafens?	
L e r n z i e l k o n t r o l l e					
	AA	AB		L: Gib den Bildern auf dem AB unten die richtigen Namen!	
		Atlas S. 19 Spanien		Ausgleichsküste	
		S. 17 Westküste von Schweden		Fördenküste	

ERDKUNDE	NAME:	KLASSE:	DATUM:	NR.:

Wie sind die Formen der Ostseeküste entstanden?

Jeden Tag nagen die Naturkräfte an der Küste und verändern sie. Die Brandung bearbeitet die Steilküste, der Wind trägt Staub und Sand fort, die Flüsse schwemmen mitgebrachte Stoffe weit ins Meer hinaus.

Vor tausenden von Jahren waren weite Teile der Ostsee und der Küste von Eis bedeckt. Die Gletscher hobelten weite Wannen aus dem Boden, die sich nach dem Abschmelzen mit Wasser füllten. So entstand die Boddenküste zwischen Lübeck und Stettin.

An anderen Stellen schwemmte das Schmelzwasser der Gletscher Rinnen heraus. Man nennt diese Meeresbuchten Förden. Die Fördenküste ist typisch für das Gebiet zwischen Flensburg und Lübeck.

Zwischen Stettin und Danzig findet man einen fast glatten Küstenverlauf. Die vielen Strandseen beweisen, daß diese Küste früher eine Boddenküste war. Der häufige Westwind und die Meeresströmung füllten den größten Teil der Bodden mit Sand und glichen so den Küstenverlauf aus. Darum der Name Ausgleichsküste.

Zwischen Stettin und Memel ist der Ausgleich noch nicht so weit fortgeschritten. Die bei der Ausgleichsküste vorhandenen Strandseen sind hier noch nicht vollständig vom Meer getrennt. Schmale Wälle aus Sand (Nehrung) trennen die Buchten (Haff) vom Meer ab. Haffküste ist das Fachwort für diese Küstenform.

Küstentypen	Merkmal(e)	Entstehung
Boddenküste		
Fördenküste		
Ausgleichsküste		
Haffküste		

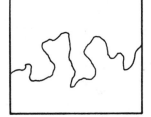 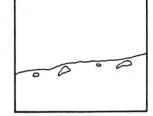  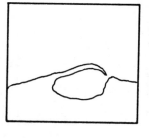

| ERDKUNDE | NAME: | KLASSE: | DATUM: | NR.: |

Wie sind die Formen der Ostseeküste entstanden?

Jeden Tag nagen die Naturkräfte an der Küste und verändern sie. Die Brandung bearbeitet die Steilküste, der Wind trägt Staub und Sand fort, die Flüsse schwemmen mitgebrachte Stoffe weit ins Meer hinaus.

Vor tausenden von Jahren waren weite Teile der Ostsee und der Küste von Eis bedeckt. Die Gletscher hobelten weite Wannen aus dem Boden, die sich nach dem Abschmelzen mit Wasser füllten. So entstand die Boddenküste zwischen Lübeck und Stettin.

An anderen Stellen schwemmte das Schmelzwasser der Gletscher Rinnen heraus. Man nennt diese Meeresbuchten Förden. Die Fördenküste ist typisch für das Gebiet zwischen Flensburg und Lübeck.

Zwischen Stettin und Danzig findet man einen fast glatten Küstenverlauf. Die vielen Strandseen beweisen, daß diese Küste früher eine Boddenküste war. Der häufige Westwind und die Meeresströmung füllten den größten Teil der Bodden mit Sand und glichen so den Küstenverlauf aus. Darum der Name Ausgleichsküste.

Zwischen Stettin und Memel ist der Ausgleich noch nicht so weit fortgeschritten. Die bei der Ausgleichsküste vorhandenen Strandseen sind hier noch nicht vollständig vom Meer getrennt. Schmale Wälle aus Sand (Nehrung) trennen die Buchten (Haff) vom Meer ab. Haffküste ist das Fachwort für diese Küstenform.

Küstentypen	Merkmal(e)	Entstehung
Boddenküste	gelappt	Gletscher
Fördenküste	rinnenartig	Schmelzwasser
Ausgleichsküste	glatt, geradlinig	Westwinde, Meeresströmung
Haffküste	Landzungen vor Buchten	Wind und Strömung

Boddenküste   Ausgleichsküste   Fördenküste   Haffküste

ERDKUNDE

NAME: _____ KLASSE: _____ DATUM: _____ NR.: _____

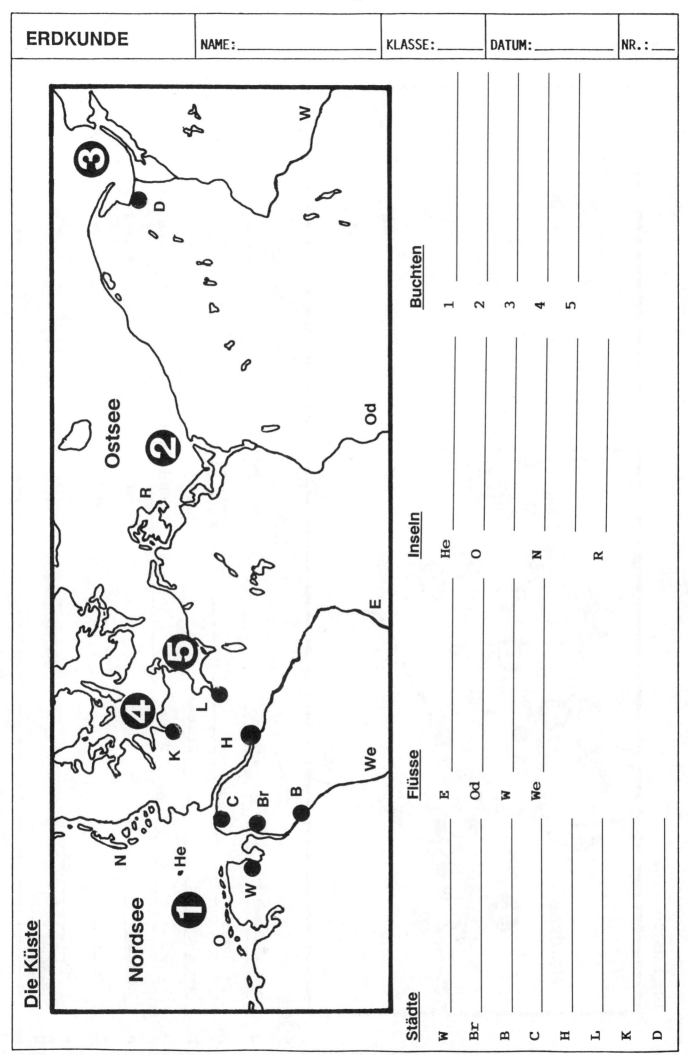

Die Küste

Nordsee

Ostsee

Buchten

1 _____
2 _____
3 _____
4 _____
5 _____

Inseln

He _____
O _____
N _____
R _____

Flüsse

E _____
Od _____
W _____
We _____

Städte

W _____
Br _____
B _____
C _____
H _____
L _____
K _____
D _____

ERDKUNDE

NAME: _____ KLASSE: _____ DATUM: _____ NR.: _____

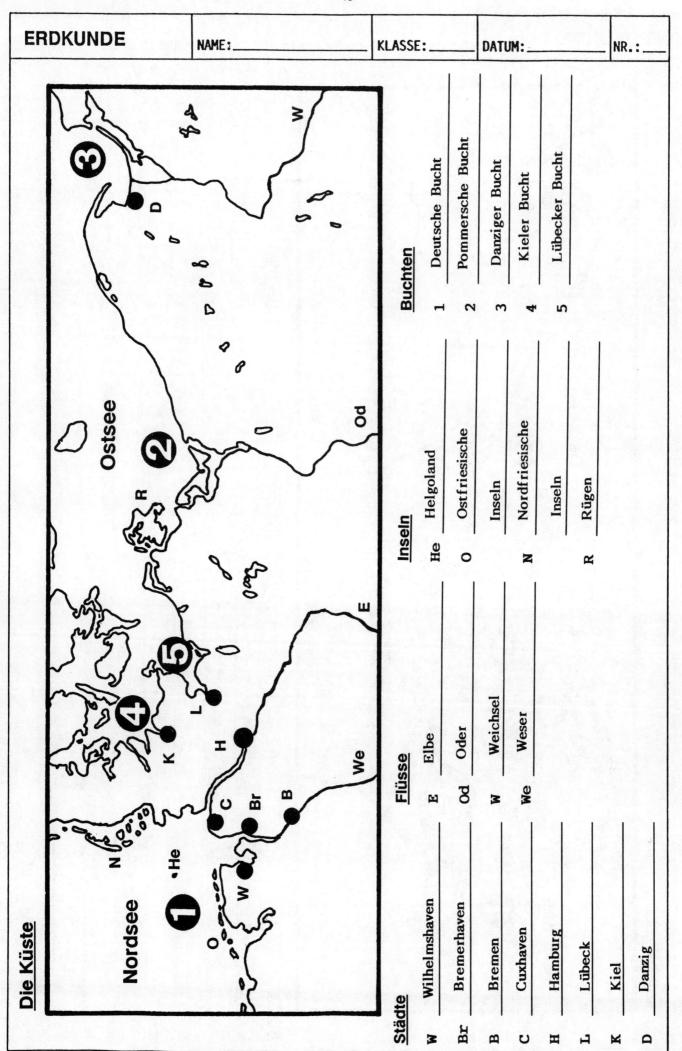

Die Küste

Nordsee

Ostsee

Buchten

1	Deutsche Bucht
2	Pommersche Bucht
3	Danziger Bucht
4	Kieler Bucht
5	Lübecker Bucht

Inseln

He	Helgoland
O	Ostfriesische Inseln
N	Nordfriesische Inseln
R	Rügen

Flüsse

E	Elbe
Od	Oder
W	Weichsel
We	Weser

Städte

W	Wilhelmshaven
Br	Bremerhaven
B	Bremen
C	Cuxhaven
H	Hamburg
L	Lübeck
K	Kiel
D	Danzig

LEHRBEREICH/LEHREINHEIT	An der KÜSTE

THEMA   Ebbe und Flut

LERNZIELE

Die Schüler sollen

- die Entstehung von Ebbe und Flut kennen.
- die Gefährlichkeit der Gezeiten erkennen.
- wissen, wie es zu einer Sturmflut kommt.

ARBEITSMITTEL/MEDIEN/LITERATUR

Folien, AB, Wandkarte, Atlas

Hinweis zur Folie:

Schneiden Sie Teil A und Teil B an den gestrichelten Linien aus. Durchbohren oder lochen Sie die Folienstreifen an den angegebenen Kreuzen (Mittelpunkt der Erde). Legen Sie Folie A auf Folie B und verbinden Sie sie drehbar, z.B. mit einer zurecht-gebogenen Büroklammer. Wenn Sie Folie A nun drehen, wandert das Wasser mit dem Mond mit, die Erde bleibt ruhig stehen.

TAFELBILD/FOLIE

<u>Was sind Ebbe und Flut?</u>

1. <u>Entstehung:</u>

Anziehungskraft des Mondes

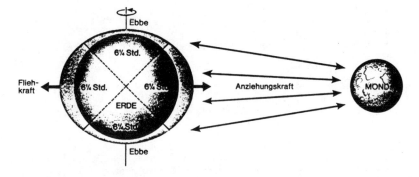

2. Gezeiten (Ebbe und Flut):

Wechsel alle 6 1/4 Stunden

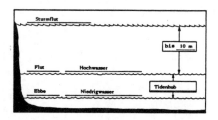

Tidenhub an der deutschen Nordseeküste

etwas 3 Meter.

3. Sturmflut:

Im Herbst bei starkem Nordweststurm:

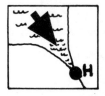

HINWEISE/NOTIZEN

Unterrichtsstufe Zielangabe	METHODE		LERNINHALTE (STOFF)	ZEIT
TZ und (TZ) Zusf.	Lehr / Lernakte	Medieneinsatz	Tafelanschrift (bzw. Folie)	

I. EINSTIEG

UG — L: Wo würdest du im Urlaub gerne hinfahren?

SS: Gebirge, Meer, ...

AA — AB — L: Lies den 1. Absatz auf deinem AB!

SS wiederholen

Lokalisation — Atlas — L: Suche Sylt in deinem Atlas!

SS zeigen an der Wandkarte

Folie — L: Der Hansi findet zwar das Wasser nicht, aber er entdeckt ein Schild! Warnung!

Z i e l a n g a b e — TA — SS: | Was sind Ebbe und Flut? |

SS-Vermutungen — TA — Wir vermuten

II. ERARBEITUNG

AA — L: Lies die Geschichte auf deinem AB fertig und beantworte die Fragen 1–5! Du darfst dich mit deinem Nachbarn besprechen!

L erstellt das Tafelbild ohne die Begriffe:

Mondes, Gezeiten, 6 1/4, Sturmflut, Flut, Hochwasser, Ebbe, Niedrigwasser, Tidenhub, 3 m, 10 m, Nordweststurm

L: Du weißt jetzt, wie Ebbe und Flut entstehen!

SS: Durch die Anziehungskraft des Mondes.

L: Beobachte genau!

Drehen der Folienstreifen
SS erklären

(evtl. auf der Erde ein kleines Haus einzeichnen, das bei Ebbe auf dem Trockenen steht und bei Flut im Wasser)

Impuls — L: An der Tafel fehlt einiges!

SS ergänzen — TA — Mondes, Gezeiten, 6 1/4, ...

Impuls
L deutet auf "10 m" — SS: Wie kann das Wasser so hoch steigen?

AA — Atlas — L: Suche Hamburg!

L: Ich habe dir eine Skizze von Hamburg und seiner Umgebung an die Tafel gezeichnet.

UG — Trichterform; Wasser staut sich auf, weil es durch den Nordweststurm in den Trichter gedrückt wird.

III. SICHERUNG

AA — L: Fülle das Bild auf deinem AB vollständig aus!

Kontrolle — TA oder Folie (Lösung)

IV. LZ-KONTROLLE

Folie — L: Wenn du die Buchstaben der richtigen Aussagen hintereinanderschreibst, findest du ein Wort!

Lösung — SS: Ebbe

H a u s a u f g a b e — L: Sammle Informationen über Sylt!

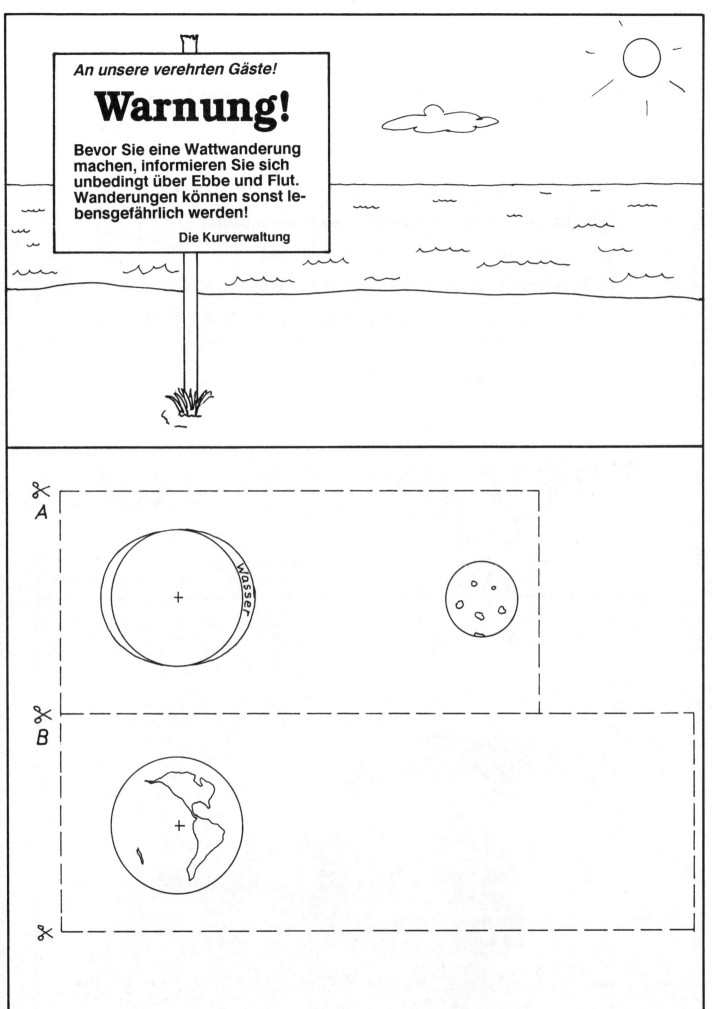

E	Die Flut nennt man auch Hochwasser.
A	Der Tidenhub ist der Unterschied zwischen Ebbe und Sturmflut.
F	Bei Nordoststurm droht eine Sturmflut.
B	Bei Nordweststurm droht eine Sturmflut.
L	Bei Flut ist eine Wattwanderung ziemlich ungefährlich.
B	Bei Ebbe sieht man manchmal den Meeresboden.
U	Bei Flut läuft das Wasser vom Strand weg.
T	Der Tidenhub beträgt an der Nordseeküste etwa 10 Meter.
E	Der Tidenhub beträgt an der Nordseeküste etwa 3 Meter.

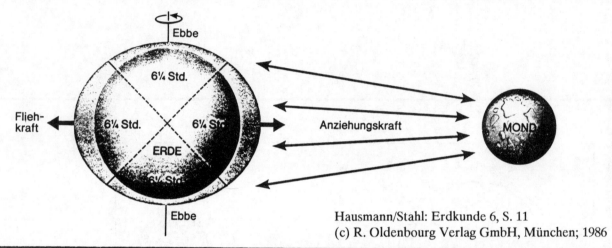

Hausmann/Stahl: Erdkunde 6, S. 11
(c) R. Oldenbourg Verlag GmbH, München; 1986

Schulfunk: Das Meer
(c) Verlag Ehrlich & Sohn KG, Lübeck; o.J.

ERDKUNDE	NAME:	KLASSE:	DATUM:	NR.:

Was sind Ebbe und Flut?

Hansi freut sich auf den Sommerurlaub auf Sylt. Dort angekommen saust er gleich zum Strand und beobachtet die Schwimmer und Surfer, die sich in der See tummeln. Leider muß der Bub gleich zurück und beim Zeltaufbauen helfen. Als Hansi nach 2 Stunden wieder zum Strand kommt,ist er erstaunt: Das Wasser ist weg, soweit er schauen kann nur noch der nackte Meeresboden!

Sein Vater erklärt es ihm:"Daß das Wasser fort ist, daran ist der Mond schuld, der dauernd um die Erde kreist. Der Mond zieht das Wasser an! Darum verschwindet das Wasser alle sechseinhalb Stunden, das nennt man Ebbe, und dann kommt es wieder sechseinhalb Stunden, das nennt man Flut. Das Wasser steigt und fällt hier an der Nordsee um ungefähr drei Meter, das nennt man Tidenhub. Viele Leute, die bei Niedrigwasser zu weit auf dem Meeresboden hinausgewandert sind wurden vom Hochwasser überrascht und mußten dann mit Booten gerettet werden. Vor den Gezeiten muß man sich hüten! Das ist aber noch gar nichts gegen den Herbst. Wenn da ein starker Nordweststurm kommt, kann das Wasser bis zu zehn Meter hoch steigen. Bei so einer Sturmflut sind 1962 viele Menschen ertrunken!"

1. Vater und Mutter nennt man zusammen "Eltern". Ebbe und Flut nennt man zusammen _____

2. In welchem Zeitraum wechseln Ebbe und Flut?

   _____

3. Welche Begriffe gehören zusammen?
   Ebbe, Hochwasser, Flut, Niedrigwasser

   _____

4. Was ist der Tidenhub?

   _____

5. Wie groß ist der Tidenhub an der deutschen Nordseeküste?

   _____

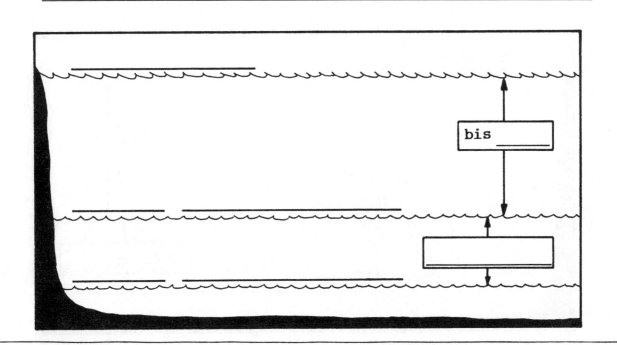

ERDKUNDE	NAME: _____	KLASSE: _____	DATUM: _____	NR.: ___

Was sind Ebbe und Flut?

Hansi freut sich auf den Sommerurlaub auf Sylt. Dort angekommen saust er gleich zum Strand und beobachtet die Schwimmer und Surfer, die sich in der See tummeln. Leider muß der Bub gleich zurück und beim Zeltaufbauen helfen. Als Hansi nach 2 Stunden wieder zum Strand kommt, ist er erstaunt: Das Wasser ist weg, soweit er schauen kann nur noch der nackte Meeresboden!

Sein Vater erklärt es ihm:"Daß das Wasser fort ist, daran ist der Mond schuld, der dauernd um die Erde kreist. Der Mond zieht das Wasser an! Darum verschwindet das Wasser alle sechseinhalb Stunden, das nennt man Ebbe, und dann kommt es wieder sechseinhalb Stunden, das nennt man Flut. Das Wasser steigt und fällt hier an der Nordsee um ungefähr drei Meter, das nennt man Tidenhub. Viele Leute, die bei Niedrigwasser zu weit auf dem Meeresboden hinausgewandert sind wurden vom Hochwasser überrascht und mußten dann mit Booten gerettet werden. Vor den Gezeiten muß man sich hüten! Das ist aber noch gar nichts gegen den Herbst. Wenn da ein starker Nordweststurm kommt, kann das Wasser bis zu zehn Meter hoch steigen. Bei so einer Sturmflut sind 1962 viele Menschen ertrunken!"

1. Vater und Mutter nennt man zusammen "Eltern". Ebbe und Flut nennt man zusammen _____Gezeiten_____

2. In welchem Zeitraum wechseln Ebbe und Flut?
   alle 6 1/4 Stunden

3. Welche Begriffe gehören zusammen?
   Ebbe, Hochwasser, Flut, Niedrigwasser
   Ebbe - Niedrigwasser; Flut - Hochwasser

4. Was ist der Tidenhub?
   Unterschied zwischen Ebbe und Flut

5. Wie groß ist der Tidenhub an der deutschen Nordseeküste?
   etwa 3 Meter

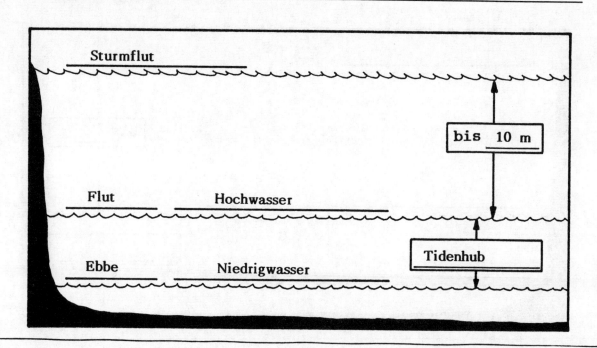

LEHRBEREICH/LEHREINHEIT   An der KÜSTE

THEMA   Wie können sich die Menschen an der Küste schützen?

LERNZIELE

Die Schüler sollen

- den Aufbau eines Deiches kennen.

- wissen, welche Funktionen die Böschung, die Steine und die Grasnarbe haben.

- wissen, daß der Mensch wegen des fruchtbaren Bodens den Kampf mit dem Meer aufnimmt.

ARBEITSMITTEL/MEDIEN/LITERATUR

Folie, AB, leerer Sandkasten, Sand (kein Xyloform oder Sägemehl!),
Malerfolie zum wasserdichten Auskleiden des Sandkastens, Kieselsteine,
Stoffstück (ca. 30 cm x 30 cm), Gefäß mit Wasser

TAFELBILD/FOLIE

Wie können sich die Menschen an der Küste schützen?

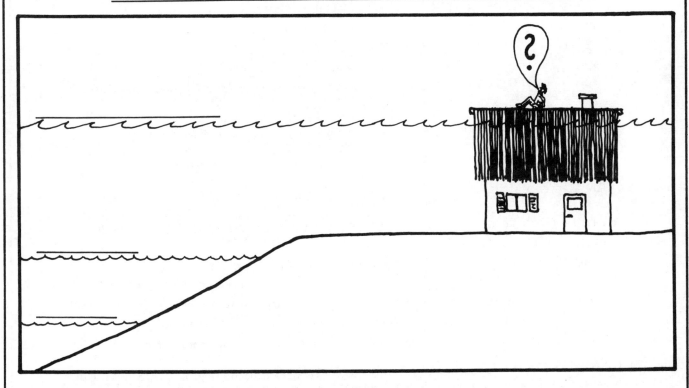

Deichkrone - Deichfuß - Ebbe - Flut - Grasdecke - Kleierde - Marsch - Sandkern - Steine - Sturmflut

HINWEISE/NOTIZEN

Unterrichtsstufe Zielangabe	METHODE		LERNINHALTE (STOFF)	ZEIT
TZ und (TZ) Zusf.	Lehr / Lernakte	Medieneinsatz	Tafelanschrift (bzw. Folie)	

I. HINFÜHRUNG				
Wiederholung		Folie (rechte Hälfte abgedeckt)	Ebbe, Flut, Sturmflut	
	Aufdecken der rechten Hälfte d. Folie UG Impuls		L: Der Mann auf dem Dach wird sicher an die Zukunft denken!	
Z i e l a n g a b e		TA	SS: Wie können sich die Menschen an der Küste schützen?	
	Ausweitung		L: Sie könnten einfach wegziehen!	
		TA	SS: Warum bleiben die Menschen trotz der Gefahren?	
	SS-Vermutungen		SS: Dämme bauen - Deiche bauen ...	
II. ERARBEITUNG				
1. T e i l z i e l			Deichaufbau	
	SS versammeln sich um den Sandkasten		Sandkasten mit Folie wasserdicht auslegen, Sand hineinschütten, Schüler baut einen Deich.	
	UG		Begriffe: Deichkrone, Deichfuß, Marsch	
	Versuch 1:		Wasser schwappt gegen den Deich.	
	Ergebnis		Der Deich wird unterspült.	
	Versuch 2:		Deich mit flacher Böschung.	
	Ergebnis		Der Deich wird nicht mehr so stark unterspült. Die Wellen laufen sich tot.	
	Versuch 3:		Tuch als "Grasdecke" hineinlegen, Steine am Fuß.	
	Ergebnis		Der Deich hält.	
	UG		L: Kann Gras auf Sand wachsen?	
			L: Der Sandkern wird mit Kleierde überzogen, die sehr zäh ist!	
1. T Z - Sicherung		Folie/AB	L: Auf der Folie stehen die Fachwörter. Trage sie richtig auf deinem AB ein!	
		TA	L: zeichnet Tafelbild Mitte ohne Wörter.	
1. T Z - Kontrolle		TA	SS: tragen die Wörter ein.	
2. T e i l z i e l			Die Menschen bleiben wegen des fruchtbaren Bodens an der Küste	
	Impuls		L: Wir sind mit der Arbeit noch nicht fertig!	
			SS: Warum bleiben die Menschen trotz der Gefahren?	
	AA	AB	L: Lies die Nr. 2 auf deinem AB und beantworte die Frage!	
	UG	TA	fruchtbarer Boden: Ackerbau, Viehzucht	
	UG		SS: finden weitere mögliche Gründe: Arbeitsplätze im Hafen...	
III. WERTUNG			L: Der fruchtbare Marschboden bringt den Landwirten gute Gewinne. Trotzdem sind sie nicht sehr reich!	
	Rundgespräch		SS: Deichbau ist teuer ...	
		TA	Wer nicht will deichen, muß weichen!	
			L: Jetzt kannst du sicher den Spruch erklären!	
IV. LERNZIELKONTROLLE		AB	L: Damit ich sehe, ob du alles verstanden hast, löse bitte die Nr. 3 auf deinem AB!	
	Kontrolle durch Vorlesen			

Wie können sich die Menschen an der Küste schützen?

Ein Deich im Querschnitt. Die gestrichelte Linie zeigt den alten Deichquerschnitt an. Durch die Erhöhung um 1 m hat man erreicht, daß die Wellen bei Sturmflut nicht mehr über die Deichkrone schlagen und die Innenböschung beschädigen.

Schulfunk: Das Meer
(c) Verlag Ehrlich & Sohn KG, Lübeck; o.J.

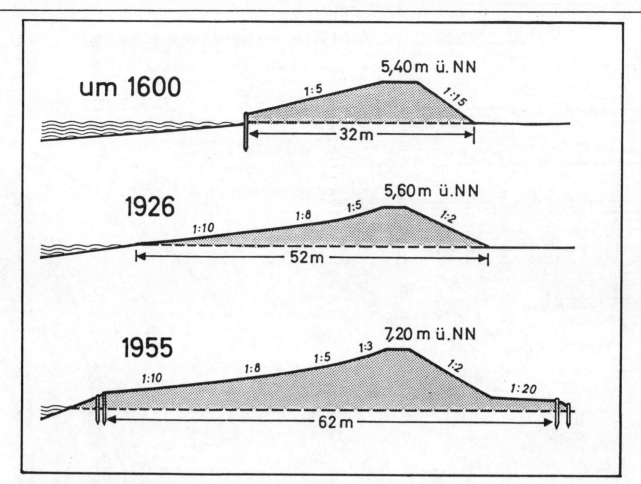

um 1600

5,40 m ü. NN

1:5   1:15

32 m

1926

5,60 m ü. NN

1:10   1:8   1:5   1:2

52 m

1955

7,20 m ü. NN

1:10   1:8   1:5   1:3   1:2   1:20

62 m

Deichquerschnitte im Wandel der Zeit. Früher waren die Deiche, gemessen an ihrer Höhe, zu schmal. Es zeigte sich, daß eine zu steile Außenböschung den heranbrandenden Wellen zuviel Widerstand bot. Die Folge war, daß die Wellen durch ihren Aufprall das Erdreich lockerten und es dann fortspülten, so daß der Deich leicht brechen konnte. Heute baut man die Deiche breiter und flacher, damit die anbrandenden Wellen auslaufen, ohne Schaden anzurichten. Die Verhältniszahlen geben die Steigung an: 1:8 bedeutet beispielsweise, daß der Deich auf 8 m um 1 m ansteigt.

Ein Seedeich bei Flut. Wegen des stürmischen Windes vom Meer her läuft das Wasser besonders hoch auf. Das Meer hat das Vorland überspült und brandet gegen die Außenberme, den flachen Fuß des Deiches. Das Wasser steht bereits höher als das Land hinter dem Deich.

Schulfunk: Das Meer
(c) Verlag Ehrlich & Sohn KG, Lübeck; o.J.

ERDKUNDE	NAME: _____	KLASSE: _____	DATUM: _____	NR.: ____

Wie können sich die Menschen an der Küste schützen?

1. Wie ist der Deich aufgebaut?

2. Warum bleiben die Menschen trotz der Gefahren an der Küste?

Die Marsch zieht sich als 5 - 20km breiter Streifen an der Nordsee entlang. Der Boden der Marsch wurde vom Meer angeschwemmt, darum bezeichnet man die Marsch als Schwemmlandstreifen. Er besteht aus Schlamm und Schlick und ist sehr fruchtbar. Auf den saftigen Wiesen weiden schwarzweiß gefleckte Rinder. Außerdem wird viel Hafer, Weizen und Gerste angebaut.

Antwort: _____

_____

3. Füge durch Numerierung die richtigen Satzteile zusammen?

1. Gegen die Flut ...

2. Die Seeseite des Deiches steigt langsam an ...

3. Das Land hinter dem Deich ...

4. Der fruchtbare Boden ...

5. Nur durch große finanzielle Aufwendungen und persönliche Opferbereitschaft ...

◯ ermöglicht Ackerbau u. Viehzucht.

◯ kann der Mensch seinen Lebensraum vor den Gewalten des Meeres schützen.

◯ damit sich das Wasser "totlaufen" kann.

◯ wird Marschland genannt.

◯ schützen sich die Menschen durch meterhohe Deiche.

ERDKUNDE	NAME:	KLASSE:	DATUM:	NR.:

Wie können sich die Menschen an der Küste schützen?

1. Wie ist der Deich aufgebaut?

Deichkrone

Sturmflut

Kleierde

Grasdecke

Flut

Sandkern

Marsch

Ebbe

Steine

Deichfuß

2. Warum bleiben die Menschen trotz der Gefahren an der Küste?

Die Marsch zieht sich als 5 - 20km breiter Streifen an der Nordsee entlang. Der Boden der Marsch wurde vom Meer angeschwemmt, darum bezeichnet man die Marsch als Schwemmlandstreifen. Er besteht aus Schlamm und Schlick und ist sehr fruchtbar. Auf den saftigen Wiesen weiden schwarzweiß gefleckte Rinder. Außerdem wird viel Hafer, Weizen und Gerste angebaut.

Antwort: Die Menschen bleiben, weil der Boden sehr fruchtbar ist und sich für Ackerbau und Viehzucht besonders gut eignet.

3. Füge durch Numerierung die richtigen Satzteile zusammen?

1. Gegen die Flut ...

2. Die Seeseite des Deiches steigt langsam an ...

3. Das Land hinter dem Deich ...

4. Der fruchtbare Boden ...

5. Nur durch große finanzielle Aufwendungen und persönliche Opferbereitschaft ...

(4) ermöglicht Ackerbau u. Viehzucht.

(5) kann der Mensch seinen Lebensraum vor den Gewalten des Meeres schützen.

(2) damit sich das Wasser "totlaufen" kann.

(3) wird Marschland genannt.

(1) schützen sich die Menschen durch meterhohe Deiche.

LEHRBEREICH/LEHREINHEIT	An der KÜSTE
THEMA	Wo werden welche Fische gefangen?

LERNZIELE

Die Schüler sollen

- wichtige Fanggründe kennen.

- einige wichtige Fischarten der Nord- und Ostsee kennen.

- aus dem Atlas Informationen entnehmen können.

ARBEITSMITTEL/MEDIEN/LITERATUR

Folien, AB, Wandkarte,
Atlas (Harms Weltatlas für die bayerische Schule)
(evtl. Bestimmungsbücher für Fische)

Schulfunk: Das Meer
(c) Verlag Ehrlich & Sohn KG, Lübeck; o.J.

TAFELBILD/FOLIE

<u>Wo werden welche Fische gefangen?</u>

Für schnelle Schüler:

Ein Fangschiff fährt von Hamburg an die Nordküste von Island.
1. Wie viele Kilometer muß das Schiff fahren?
2. Wie lange braucht das Schiff, wenn es mit 20 km/h fährt?

HINWEISE/NOTIZEN

Zwei moderne Hochseefischereifahrzeuge begegnen einander im offenen Meer. Es sind sogenannte Hecktrawler. Sie fischen mit dem Grundschleppnetz, das über den Meeresgrund geschleppt und dann über eine schräge Rampe am Heck des Schiffes eingeholt wird. Der Steert, das sackartige Ende des Netzes, ist prall gefüllt.

METHODE			LERNINHALTE (STOFF)	ZEIT
Unterrichtsstufe (Teil) Zielangabe und (Teil) Zusammenfassung Lehr / Lernakte		Medieneinsatz	Tafelanschrift (bzw. Folie)	

I. HINFÜHRUNG

| | Folie A/ Atlas/Wand-karte | SS: bestimmen Städte, Flüsse, Nachbar-länder |

Folie B auf Folie A

Zielangabe — Folie — SS: | Wo werden welche Fische gefangen? |

II. ERARBEITUNG

SS-Vermutungen — Tiefkühlfische ...

UG — L: Wo könnten wir Informationen finden?

SS: Buch, Lexikon, Atlas ...

AA — L: Suche eine Karte mit den Staaten Europas! (S. 29)
Suche die Karte "Landwirtschaft und Fischfang" (S. 27)

AA/PA — AB — L: Bearbeite das AB mit deinem Nachbarn!

Diff. — TA — Siehe Tafelbild
(Lös.: 2000 km; 100 h = 4d 4h)

Kontrolle durch Vorlesen

UG — Folie "Fische" — Größe, Unterschiede, welche hast du schon gegessen?
Warum gibt es nur Rotbarschfilet?
(Aussehen des Fisches!)

III. LZ-KONTROLLE

mündl. — L: Welche Fische gibt es vor Island? ...

Hausaufgabe — L: Male die Staaten auf deinem AB farbig aus!

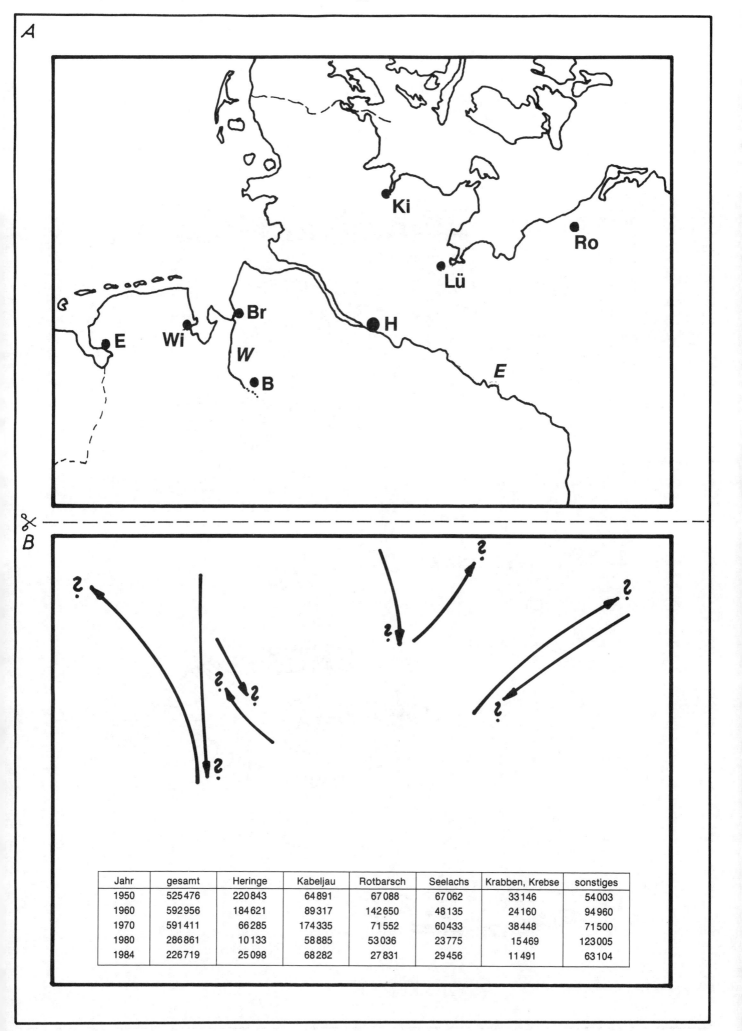

Jahr	gesamt	Heringe	Kabeljau	Rotbarsch	Seelachs	Krabben, Krebse	sonstiges
1950	525 476	220 843	64 891	67 088	67 062	33 146	54 003
1960	592 956	184 621	89 317	142 650	48 135	24 160	94 960
1970	591 411	66 285	174 335	71 552	60 433	38 448	71 500
1980	286 861	10 133	58 885	53 036	23 775	15 469	123 005
1984	226 719	25 098	68 282	27 831	29 456	11 491	63 104

Hering (ca. 30cm)

Kabeljau (Dorsch)
(bis 140cm)

Schellfisch (ca. 60cm)

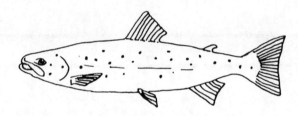

Lachs (bis 150cm)

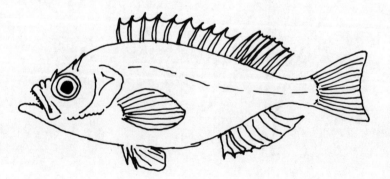

Rotbarsch (bis 1m)

Seehecht (bis 1m)

| ERDKUNDE | NAME: _____ | KLASSE: _____ | DATUM: _____ | NR.: ____ |

Wo werden welche Fische gefangen?

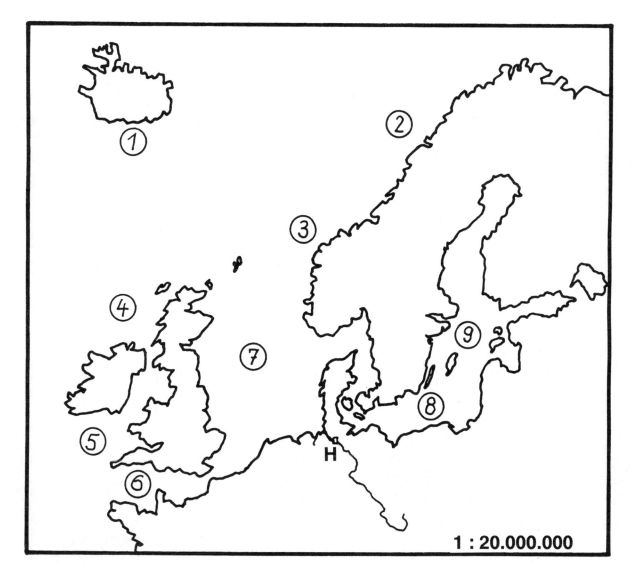

1 : 20.000.000

① Vor der Küste von (I)_____ fangen die Fischer (H)_____,
(K)_____, (Sch)_____ und (R)_____.

② An der Nordwestküste von (N)_____ findet man
(K)_____ und (S)_____.

③ Weiter südlich gibt es (R)_____ und (H)_____.

④ Nördlich von (I)_____ fischt man nach (S)_____,
(K)_____ und (H)_____.

⑤ Südlich von (I)_____ fischt man genauso wie

⑥ im (K)_____ nach (H)_____.

⑦ Auf hoher See sind die Fanggründe von (H)_____, (Sch)_____
_____, (K)_____ und (S)_____.

⑧ In der südlichen (O)_____ fangen die Fischer
(H)_____ und (F)_____.

⑨ In der nördlichen Ostsee sind (D)_____ und (A)_____
zu Hause, im Bottnischen Meerbusen wird der leckere (L)_____
gefangen.

| ERDKUNDE | NAME: _____ | KLASSE: _____ | DATUM: _____ | NR.: ___ |

Wo werden welche Fische gefangen?

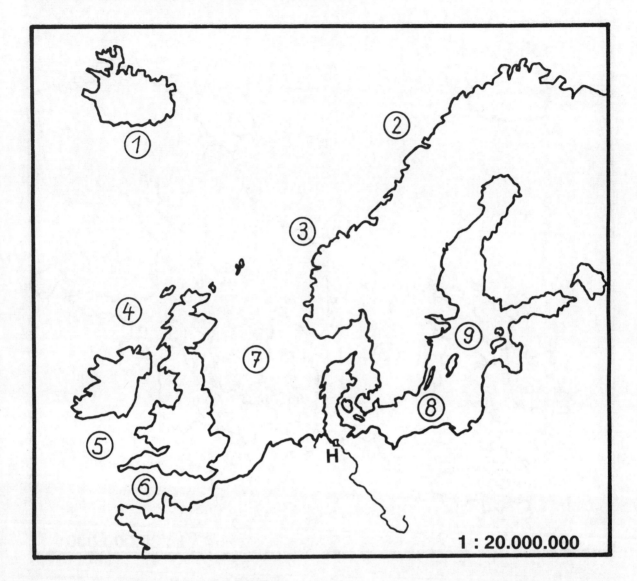

1 : 20.000.000

①Vor der Küste von (I)__Island__ fangen die Fischer (H)__Heringe__,
(K)__Kabeljau__, (Sch)__Schellfisch__ und (R)__Rotbarsch__.

②An der Nordwestküste von (N)__Norwegen__ findet man
(K)__Kabeljau__ und (S)__Seelachs__.

③Weiter südlich gibt es (R)__Rotbarsch__ und (H)__Hering__.

④Nördlich von (I)__Irland__ fischt man nach (S)__Seehecht__,
(K)__Kabeljau__ und (H)__Hering__.

⑤Südlich von (I)__Irland__ fischt man genauso wie

⑥im (K)__Kanal__ nach (H)__Hering__.

⑦Auf hoher See sind die Fanggründe von (H)__Hering__, (Sch)__Schell-fisch__, (K)__Kabeljau__ und (S)__Seelachs__.

⑧In der südlichen (O)__Ostsee__ fangen die Fischer
(H)__Hering__ und (F)__Flunder__.

⑨In der nördlichen Ostsee sind (D)__Dorsch__ und (A)__Aal__
zu Hause, im Bottnischen Meerbusen wird der leckere (L)__Lachs__
gefangen.

LEHRBEREICH/LEHREINHEIT	An der KÜSTE
THEMA	Die Hansestadt HAMBURG

LERNZIELE

Die Schüler sollen

- die geographische Lage Hamburgs, bezogen auf den Heimatort, kennen.
- Sehenswürdigkeiten Hamburgs kennenlernen.
- zur selbständigen Informationsbeschaffung angehalten werden.

ARBEITSMITTEL/MEDIEN/LITERATUR

Atlas, Folie, Gruppenarbeitsblatt, AB, Dias von Hamburg

(Informationen: Verkehrsamt Hamburg, Tel: 040-241234)

TAFELBILD/FOLIE

Die Hansestadt Hamburg

1. Der Weg nach Hamburg
München - 163 km - Nürnberg - 104 km - Würzburg - 203 km - Kassel - 163 km - Hannover - 148 km - Hamburg
Ingesamt ca. 800 km

2. Sehenswürdigkeiten Hamburgs
Hafen, Flughafen, Fuhlsbüttel, Planten un Blomen , ...

HINWEISE/NOTIZEN

Vorbemerkungen: Die Unterrichtsstunde bezieht sich auf den Ausgangspunkt München, kann aber genauso mit anderen Ausgangspunkten gehalten werden. Beim Brief (Folie) Datum einsetzen.

Unterrichtsstufe Zielangabe	METHODE		LERNINHALTE (STOFF)	ZEIT
TZ und (TZ) Zusf.	Lehr / Lernakte	Medieneinsatz	Tafelanschrift (bzw. Folie)	
I. HINFÜHRUNG				
	L-Erzählung		L: Herr Huber, seine Frau und Sohn Thomas überlegen schon seit Wochen, wohin sie im Urlaub fahren sollen ... Gestern kam ein Brief von Thomas' Tante.	
		Folie	Brief	
Zielangabe			Die Hansestadt Hamburg	
II. ERARBEITUNG				
1. Teilziel			Lokalisation von Hamburg	
	Details aus dem Brief		SS: Altona, lange Fahrt, 104 km bis Bremen, Bootsfahrt, Elbe	
		Atlas	SS: suchen - Altona ist nicht zu finden aber Hamburg (Hansestadt Hamburg)	
	Erklärung		Altona ist ein Stadtteil von Hamburg.	
			L: Thomas hat den gleichen Atlas wie du, er schaut gleich nach, wie weit es bis Hamburg ist.	
	Kartenarbeit		SS: 600 km (= Luftlinie)	
			L: Thomas erzählt es seinem Vater. Der meint: "Wir fahren aber mit dem Auto!"	
	UG		SS: Wir bräuchten eine Autokarte.	
		Folie	Übersichtskarte Autobahnen Klären 160	
	AA/PA		L: Berechnet die Entfernung München-Hamburg! Gebt große Orte am Weg an!	
		TA	SS: München - 163 km - Nürnberg - 104 km - ... zusammen ca. 800 km	
1. TZ - Sicherung				
	AA	AB	L: Trage auf deinem AB die Autobahnen ein, die H.Huber benützen wird. Gib große Orte und die Entfernungen an. Dann darfst du das Hamburger Wappen außen rot ausmalen.	
2. Teilziel			Sehenswürdigkeiten von Hamburg	
			L: Am nächsten Tag saust Thomas in ein Reisebüro und holt sich einen Prospekt über Hamburg. Er überlegt, was er alles besichtigen will.	
	AA/GA		L: Unterstreicht, was Thomas alles besichtigen kann.	
		TA	SS: Flughafen, Fuhlsbüttel, Köhlbrandbrücke, ...	
		Dias	L: Einige Sehenswürdigkeiten kann ich dir zeigen, vielleicht erkennst du sie!	
2. TZ - Sicherung				
Eintrag AB				
III. LZ-KONTROLLE				
			SS: wiederholen bei geschlossener Tafel.	
Hausaufgabe			SS: besorgen Prospekt über Hamburg: Einkleben von Bildern auf die Rückseite des AB und beschriften.	

Übersichtskarte Autobahnen

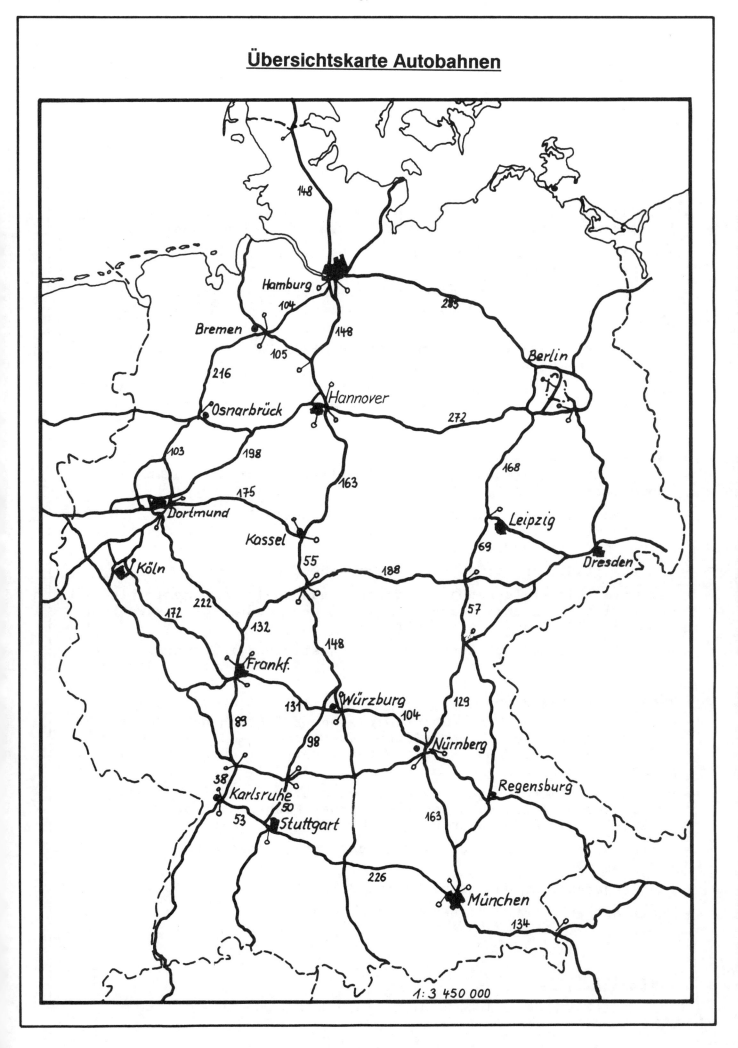

1 : 3 450 000

Aus einem Prospekt:

H A M B U R G

- ist eine uralte Stadtrepublik und immer noch ein freier Stadtstaat - heute eines der Bundesländer der Bundesrepublik Deutschland.

- ist die Stadt der großen Reedereien und auch der Heimathafen der Deutschen Lufthansa.

- ist das "Luftkreuz des Nordens"; der Flughafen Fuhlsbüttel (der erste in Deutschland) bedient europäische und überseeische Flughäfen.

- ist eine von Wasserläufen durchzogene Stadt mit 1350 Brücken, darunter die imposante Köhlbrandbrücke.

- ist eine Stadt mit reichen Kunstschätzen, wertvollen Galerien und bemerkenswerten Museen (Hamburger Kunsthalle, Museum für Hamburgische Geschichte, Altonaer Museum, Museum für Völkerkunde und Vorgeschichte).

- ist eine Musik- und Theaterstadt von internationalem Ruf (Staatsoper, Deutsches Schauspielhaus, 12 weitere Theater, Musikhalle und Operettenhaus).

- ist eine "Stadt im Grünen", eine Stätte neuzeitlicher Gartenkultur, mit dem Park "Planten un Blomen" im Herzen der Stadt und uralten Parks an Alster und Elbe.

- ist die Stadt, in der es eine Reeperbahn gibt.

- ist immer wieder lohnendes Reiseziel; man fühlt sich wohl in dieser einladenden, umgänglichen, weltoffenen Stadt, die fortwährend neue, vielfältige Reize offenbart.

- bietet Gelegenheit zu Rundfahrten zu Wasser und zu Lande, bei Tag und bei Nacht (Hafenrundfahrt - "Mondscheinfahrt auf der Alster" und durch das funkelnde Lichtermeer St. Paulis), und zu den Rundflügen über die Stadt.

- bietet das unvergeßliche Abenteuer einer Hafenrundfahrt, eine aufregende Reise in eine wunderliche, technische Landschaft, unter der, 20 Meter unter dem Wasserspiegel, der Elbtunnel den Strom unterquert.

- bietet zwei eigenartige Aussichtspunkte über dem Hafenufer und der Innenstadt: die hohe Säulenhalle des Michels und den bizarren Philipsturm in Planten un Blomen (beide mit Fahrstuhl).

- bietet einen Tierpark, den man in der ganzen Welt kennt: den Tierpark Hagenbeck

- bietet jedes Jahr das große Spring-Derby.

- hat eine der größten Börsen Deutschlands.

Arbeitsauftrag:
Unterstreiche, was Thomas alles in Hamburg besichtigen kann!

Sehenswürdigkeiten von Hamburg

Polyglott Reiseführer Nr. 611: Hamburg

Blick auf Hamburg mit St.-Pauli-Landungsbrücken und „Michel"

Köhlbrandbrücke

Lombardsbrücke

St.-Petri-Kirche

Krameramtswohnungen

Hansapassage

Alsterarkaden mit Rathaus

Nikolaifleet

Peterstraße

Zeichnungen:
Vera Solymosi-Thurzo,
Karl Bauer-Oltsch
(c) 1989 by Polyglott Verlag
Dr. Bolte KG, München

Altona, den 14.5.

Lieber Kurt, liebe Ilse, lieber Thomas!

Ich habe mich sehr über Euren Brief gefreut! Da Ihr noch nicht wißt, wohin Ihr in den Ferien fahren wollt, würde ich vorschlagen, daß Ihr eine Woche zu mir nach Altona kommt. Es ist zwar eine lange Fahrt hierher, aber es lohnt sich, denn Ihr könnt viele Sehenswürdigkeiten besichtigen: den Hafen, das Rathaus, die Köhlbrandbrücke. Außerdem könnt Ihr einen Ausflug nach Bremen (104 km) machen oder eine Bootsfahrt auf der Elbe unternehmen. Schreibt mir bald zurück, daß ich Vorbereitungen für Euren Besuch treffen kann. Ich würde mich sehr freuen, wenn Ihr kommen würdet.

Herzliche Grüße
sendet Euch

Hilde

ERDKUNDE	NAME:	KLASSE:	DATUM:	NR.:

Die Hansestadt Hamburg

1. Der Weg nach Hamburg

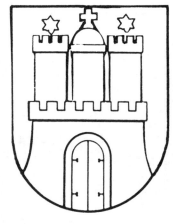

Insgesamt sind es

von _____

bis nach Hamburg

ca. _____ km.

2. Sehenswürdigkeiten Hamburgs

_____

_____

_____

_____

_____

ERDKUNDE	NAME:	KLASSE:	DATUM:	NR.:

Die Hansestadt Hamburg

1. Der Weg nach Hamburg

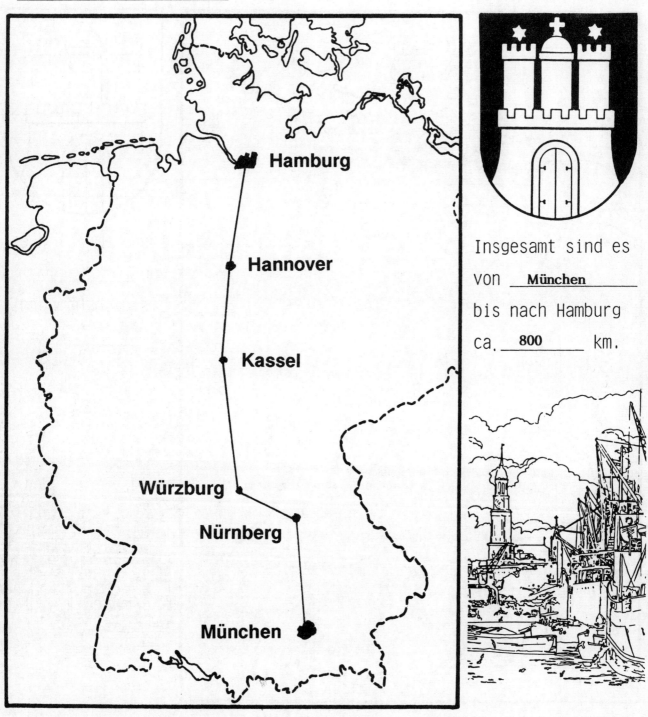

Insgesamt sind es von **München** bis nach Hamburg ca. **800** km.

2. Sehenswürdigkeiten Hamburgs

Hafen, Flughafen Fuhlsbüttel, Planten un Blomen, Michel, Elbtunnel, Philipsturm,

Reeperbahn, Börse, ...

Vor dem Rathaus von 1897 der neugestaltete Rathausmarkt

| ERDKUNDE | NAME: _____ | KLASSE: _____ | DATUM: _____ | NR.: _____ |

Überblick

Der Küstenraum ist durch das Zusammenwirken von Wasser und Land gekennzeichnet

Naturerscheinungen im Küstenraum

Strömungen, Wellen und Wind, Ebbe und Flut (Gezeiten) bewegen das Meer.
Grenzlinien zwischen Wasser und Land können Flach- oder Steilküsten sein.
Unterspülungen, Anschwemmungen, Hebungen und Senkungen des Bodens verändern die Küsten.

Der Küstenraum wird vom Menschen geprägt

Das Leben am Meer fordert Zusammenhalt

Land wird gegen das Meer verteidigt und ihm abgerungen.
Sturmfluten und Deichbrüche verlangen Hilfsmaßnahmen des Technischen Hilfswerks und der Bundeswehr.

Meer und Küstenraum tragen zur Ernährung bei

Küsten- und Hochseefischerei beschaffen Frischfisch.
Landgewinn bringt neue Anbauflächen.
Marsch und manche Inseln werden landwirtschaftlich genutzt.

Das Meer gibt Arbeitsmöglichkeit

Fischfang und Fischindustrie bieten Arbeitsplätze.
Industriebetriebe an der Küste nutzen den billigen Wasserweg für den Transport.
In den Werften und Docks werden Seefahrzeuge hergestellt und ausgebessert.

Der Erholungswert wird genutzt

Salzwasser, Seeluft und Strände ziehen Fremde an.
Seebäder bieten Heilung und Erholung (z. B. Norderney, Sylt, Fehmarn).
Boots- und Schiffsfahrten erschließen den Reisenden das Meer.

Der Siedlungsraum wird erweitert

Dämme und Deiche halten das Wasser von den Siedlungen und Anbauflächen ab.
Neue Siedlungsflächen werden durch Trockenlegung gewonnen.

Das Meer gehört zur Verkehrsfläche

Hamburg, Bremen, Bremerhaven, Wilhelmshaven und Kiel sind die wichtigsten Häfen der Bundesrepublik Deutschland.
Häfen und Schiffsverkehr verbinden Länder und Erdteile.
Leuchttürme und Seezeichen weisen den Schiffen den Weg.
Wasserstandsmessungen und Wettermeldungen lassen Gefahren rechtzeitig erkennen.

Der Küstenraum ist besonders gefährdet

Fabriken, Hotels, Wohnhäuser an der Küste leiten ihre Abwässer ins Meer.
Giftstoffe aus dem Landesinnern werden über die Flüsse herangebracht.
Schiffe verunreinigen die Gewässer.
Ölkatastrophen sind eine besondere Gefahr.
Dichte Bebauung macht die Küste zur Betonlandschaft.
Strände werden von Urlaubern verunreinigt.

Erdkunde 6, S. 29
(c) Bay. Schulbuch-Verlag, München; 1986

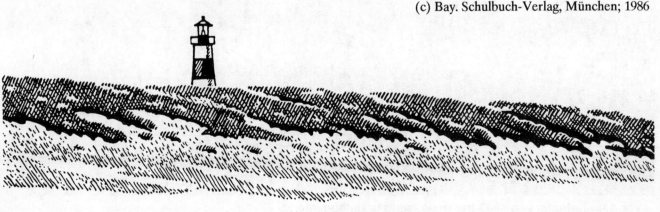

LEHRBEREICH/LEHREINHEIT INDUSTRIE	
THEMA Der Hamburger Hafen, Tor zur Welt	

LERNZIELE

GROBZIEL: Bedeutung eines großen Hafens, aufgezeigt am Beispiel Hamburg.

FEINZIELE: - Einige Grundgegebenheiten über den Hamburger Hafen kennen.
- Bedeutung des Hamburger Hafens darlegen.
- Auswirkungen der Industriebetriebe im Raum Hamburg auf die Umwelt erkennen.
- Arbeit mit Bildern und Karten.

ARBEITSMITTEL/MEDIEN/LITERATUR

Bilder (Diareihe)
Film
Wandkarte
Them. Karten im Atlas (Wirtschaft)
Schülerarbeitsbuch (z.B. Harms-Erdkunde 6, Verlag List-Schroedel)

TAFELBILD/FOLIE

Welche Bedeutung hat der Hamburger Hafen?

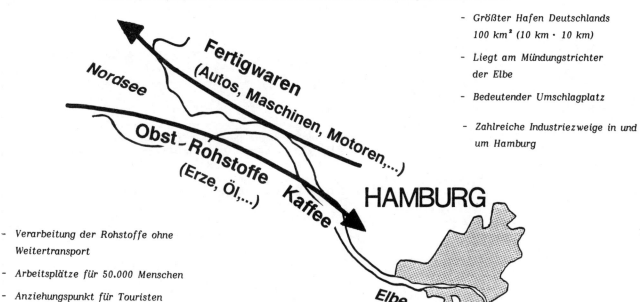

- Größter Hafen Deutschlands 100 km² (10 km · 10 km)
- Liegt am Mündungstrichter der Elbe
- Bedeutender Umschlagplatz
- Zahlreiche Industriezweige in und um Hamburg

- Verarbeitung der Rohstoffe ohne Weitertransport
- Arbeitsplätze für 50.000 Menschen
- Anziehungspunkt für Touristen
- Aber: Belastung der Umwelt (Elbe) durch Industrie

> Größter Hafen der Bundesrepublik Deutschland, viertgrößter Hafen Europas nach Rotterdam, London, Antwerpen; jährlich über 20 000 Seeschiffe aus über 50 Ländern; täglich Be- und Entladen von 80 Binnenschiffen, 3500 Eisenbahnwaggons, 4000 Lkws; Kaianlagen von etwa 70 km Länge; 560 km Hafengleise; fast 100 000 Menschen finden durch den Hafen Arbeit.

HINWEISE/NOTIZEN

VORARBEIT: Bilder und Texte über Häfen sammeln.

Unterrichtsstufe Zielangabe	METHODE		LERNINHALTE (STOFF)	ZEIT
TZ und (TZ) Zusf.	Lehr / Lernakte	Medieneinsatz	Tafelanschrift (bzw. Folie)	

I. MOTIVATION

		Bild (Dia)	Hamburger Hafen	
	UG		Aussprache Auswerten des Bildes	
		Karte/Atlas	Lokalisieren – Weg vom Heimatort nach Hamburg suchen	
	UG		L: Warst du vielleicht schon einmal in einem Hafen?	
			SS: Einbringen evtl. vorhandenen Vorwissens.	
			L: Der Hamburger Hafen ist der größte Hafen Deutschlands und einer der modernsten Häfen der Welt. Er ist für Hamburg und die Bundesrepublik von größter Bedeutung.	
Zielangabe		TA	**Welche Bedeutung hat der Hamburger Hafen?**	

II. ERARBEITUNG

1. **Teilziel**

Einige Fakten über den Hamburger Hafen

		Dia/Film	Erarbeitung mittels Bildern oder Filmausschnitten. - Größe - mit dem Lotsen in den Hafen - Umschlaghafen - Kais - Containerverladung - Wichtige Ein- und Ausfuhrgüter	
	UG Auswertung			
TZ-Zus.f.		TA	Festhalten wesentlicher Punkte	

2. **Teilziel**

Bedeutung des Hafens

	PA	Atlas/Buch	- Industriezweige in und um Hamburg auf einer Wirtschaftskarte suchen und notieren. - Begründen des Standorts dieser Industriezweige	
	UG	TA	Auswerten der Ergebnisse der PA, wesentliche Ergebnisse im Tafelbild festhalten.	
TZ-Zus.f.			Verbalisieren des Tafelbildes	

III. WERTUNG

| | UG | | - Der Hamburger Hafen wird ständig weiter ausgebaut und modernisiert. So wurde z.B. die Fahrrinne in der Elbe von 12 m auf 14 m Tiefe ausgebaggert. Begründung? - Immer größere Schiffe mit immer größerem Tiefgang - Hafen muß konkurrenzfähig bleiben, sonst Rückgang - Be- und Entladen muß immer schneller gehen, Zeit ist Geld - Industriezentrum Hamburg basiert auf dem Hafen. - Umweltprobleme durch Hafen und Industriebetriebe im Raum Hamburg | |

IV. SICHERUNG

| | | | - Kurze Niederschrift (Kurzreferat) über die Bedeutung des Hamburger Hafens. - AB bearbeiten. | |

Anmerkung:

Symbole für Industriebetriebe im Raum Hamburg verwenden

A⚡ *2 x Feinmechanische, optische u. Elektroindustrie*

🚗 *1 x Fahrzeugbau*

O *1 x Gummiindustrie*

👕 *1 x Textil- und Bekleidungsindustrie*

🥫 *2 x Nahrungsmittelindustrie*

✳ *1 x Maschinenbau*

⛴ *1 x Schiffsbau*

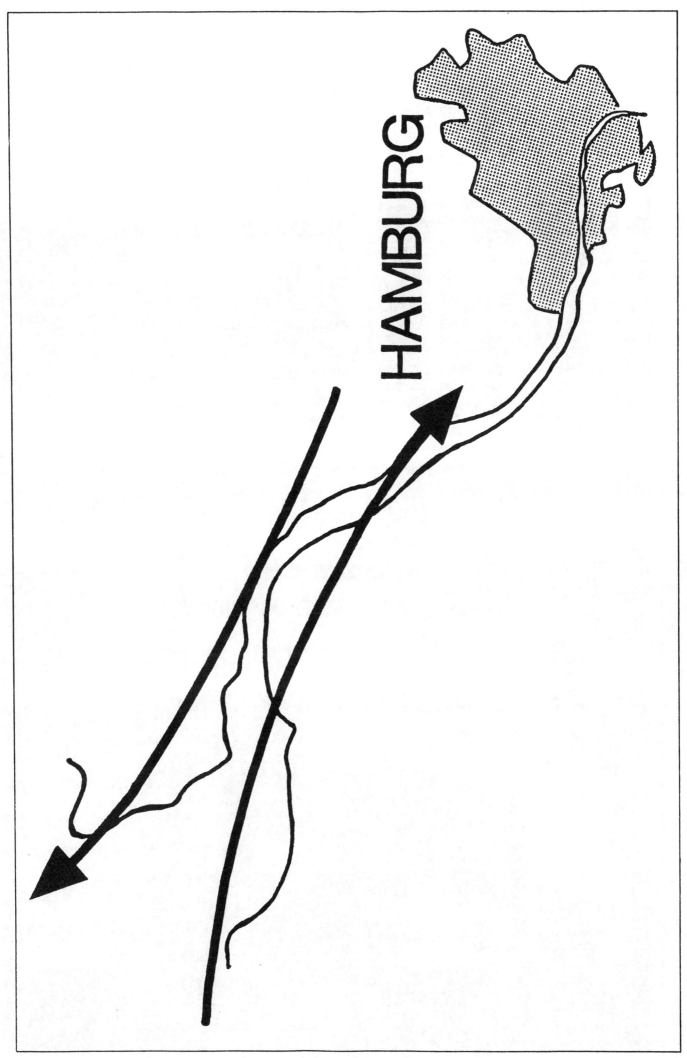

Hafengeburtstag an den Landungsbrücken

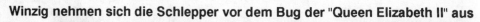

Winzig nehmen sich die Schlepper vor dem Bug der "Queen Elizabeth II" aus

| **ERDKUNDE** | NAME: _____ | KLASSE: _____ | DATUM: _____ | NR.: ____ |

Hamburg - das Tor zur Welt

1. Notiere aus einer Karte im Atlas, welche Industriezweige sich in und um Hamburg angesiedelt haben!

   _____

   _____

2. Erkläre die Begriffe

   a) Seehafen: _____

   _____

   b) Binnenhafen: _____

   _____

3. Schreibe mit Hilfe des Buches und einer Karte im Atlas auf, welche Waren über Hamburg ein- und ausgeführt werden!

   Einfuhr: _____

   _____

   Ausfuhr: _____

   _____

4.

NORDSEE

OSTSEE

ERDKUNDE	NAME:	KLASSE:	DATUM:	NR.:

Hamburg - das Tor zur Welt

1. Notiere aus einer Karte im Atlas, welche Industriezweige sich in und um Hamburg angesiedelt haben!

   Chemische Industrie, Bekleidungsindustrie, Schwerindustrie, Lebensmittelindustrie, ...

2. Erkläre die Begriffe

   a) Seehafen: An der Küste gelegen, Zugang zum Meer

   b) Binnenhafen: Im Landesinneren gelegen, ohne direkten Zugang zum

   Meer

3. Schreibe mit Hilfe des Buches und einer Karte im Atlas auf, welche Waren über Hamburg ein- und ausgeführt werden!

   Einfuhr: Kaffee, Tee, Kohle, Öl, Erze, Gummi, Früchte, Fisch, ...

   Ausfuhr: Autos, Maschinen, Industriegeräte, chemische Erzeugnisse, ...

4.

Flensburg

OSTSEE

NORDSEE

Kiel

Cuxhaven

Lübeck/
Travemünde

Wilhelms-
haven

Bremer-
haven

Hamburg

Bremen

ERDKUNDE	NAME: _____	KLASSE: _____	DATUM: _____	NR.: ____

Hamburg - das Tor zur Welt

5. Beschreibe in einigen Stichpunkten die Bedeutung des Hamburger Hafens!

_____

_____

_____

_____

6. Warum ist es erforderlich, die Hafenanlagen ständig auszubauen und zu modernisieren?

_____

_____

_____

_____

_____

7.

Fluß, an dem Hamburg liegt

Dirigiert das Schiff in den Hafen

Beiname von Hamburg

Das Ausladen der Fracht heißt ...

Hafen an der Küste vor Hamburg

Von Hamburg aus gelangen die Schiffe in die ...

Hier wird das Getreide gelagert

Stückgüter werden meist in Behältern verladen; diese nennt man ...

8. Die Schiffahrt und vor allem die Industriebetriebe um Hamburg belasten die Elbe sehr stark.

Erkläre diese Aussage und schreibe Folgen auf!

_____

_____

_____

ERDKUNDE	NAME:	KLASSE:	DATUM:	NR.:

Hamburg - das Tor zur Welt

5. Beschreibe in einigen Stichpunkten die Bedeutung des Hamburger Hafens!

  Deutschlands Tor zur Welt; direkter Zugang zur Nordsee und zum Atlantik;

  Wasserweg der billigste Transportweg; Arbeitsplätze für mehr als 50.000

  Menschen; Attraktion für Fremde

6. Warum ist es erforderlich, die Hafenanlagen ständig auszubauen und zu modernisieren?

  Immer größere Schiffe werden gebaut; Aufenthaltsdauer der Schiffe im

  Hafen immer kürzer; Be- und Entladen muß aus Kostengründen immer

  schneller gehen; Konkurrenz anderer europäischer Häfen (Rotterdam; London)

7.

E	L	B	E					Fluß, an dem Hamburg liegt
L	O	T	S	E				Dirigiert das Schiff in den Hafen
H	A	N	S	E	S	T	A	D	T	Beiname von Hamburg
L	O	E	S	C	H	E	N	Das Ausladen der Fracht heißt ...
C	U	X	H	A	V	E	N	Hafen an der Küste vor Hamburg
N	O	R	D	S	E	E	Von Hamburg aus gelangen die Schiffe in die ...
S	I	L	O	Hier wird das Getreide gelagert
C	O	N	T	A	I	N	E	R	Stückgüter werden meist in Behältern verladen; diese nennt man ...

8. Die Schiffahrt und vor allem die Industriebetriebe um Hamburg belasten die Elbe sehr stark.

  Erkläre diese Aussage und schreibe Folgen auf!

  Verschmutzung durch Abwässer; giftige Stoffe im Wasser; Badeverbot;

  Fische können nicht mehr verzehrt werden; "stinkende Brühe"

LEHRBEREICH/LEHREINHEIT   INDUSTRIE

THEMA   Was braucht ein Industriebetrieb?

LERNZIELE

Die Schüler sollen

- erkennen, was zur Herstellung eines Teddybären alles notwendig ist.

- die 4 wichtigsten Standortfaktoren kennen.

ARBEITSMITTEL/MEDIEN/LITERATUR

Folien, AB, Atlas, Teddybären

Vorbemerkung: Teddybären als "Hausaufgabe" mitbringen lassen.

Zwischen Rohstoffen und Halbfertigprodukten wird nicht unterschieden.

TAFELBILD/FOLIE

Was braucht ein Industriebetrieb?

Standortfaktoren

Transportwege		**Energie**

Straße (Autobahn), Schiene,...   **Strom, Heizöl, Kohle, Gas, ...**

Rohstoffe	**Arbeitskräfte**

Stoff, Schaumgummi, Kunststoff, Holzwolle, ...

Schneiderinnen, Hausmeister, Vorarbeiter, LkW-Fahrer,...

HINWEISE/NOTIZEN

METHODE	LERNINHALTE (STOFF)	ZEIT
Unterrichtsstufe (Teil) Zielangabe und (Teil) Zusammenfassung Lehr / Lernakte Medieneinsatz	Tafelanschrift (bzw. Folie)	

I. HINFÜHRUNG	L: Was fällt dir zum Wort "Industrie" ein?	
UG/Kreisgespräch		
Folie	Teddybär, anschließend Text	
Z i e l a n g a b e TA	┌─────────────────────────────────┐ │ Was braucht ein Industriebetrieb? │ └─────────────────────────────────┘	
SS-Vermutungen		
II. ERARBEITUNG		
AA/GA	L: Ihr habt Bären mitgebracht. Überlegt euch in der Gruppe, was eine Fabrik alles braucht, um einen Teddy herstellen zu können!	
TA	L: schreibt geordnet an, was die SS herausgefunden haben.	
	L: Ich glaube, ihr habt noch einiges vergessen. Als H. Manni durch seine Fabrik geht, entdeckt er viele Schilder. Sie sollen euch helfen, noch einige Sachen zu finden!	
Folie	Schilder	
TA	Ergänzen der Sammlung	
	L: Zu jeder dieser Spalten gibt es eine Überschrift! Sie sind im Text auf deinem AB versteckt! Unterstreiche sie!	
leises Lesen AB		
TA	Rohstoffe, ..., Standortfaktoren	
III. LZ-KONTROLLE		
Folie 2	SS: tragen die richtigen Namen ein: Energie, Arbeitskräfte, ...	
IV. SICHERUNG		
AA AB	L: Schreibe die richtigen Namen bei deinem Bild in die Kästchen!	
V. AUSKLANG		
	L: Auf deinem Bild fehlen einige Einzelheiten! Du darfst sie einzeichnen und das Bild dann ausmalen.	

Herr Manni hat eine Erbschaft gemacht. Von dem Geld baut er sich eine Spielwarenfabrik. Doch bald merkt er, daß sein Industriebetrieb mehr braucht als Gebäude, Maschinen und Autos.

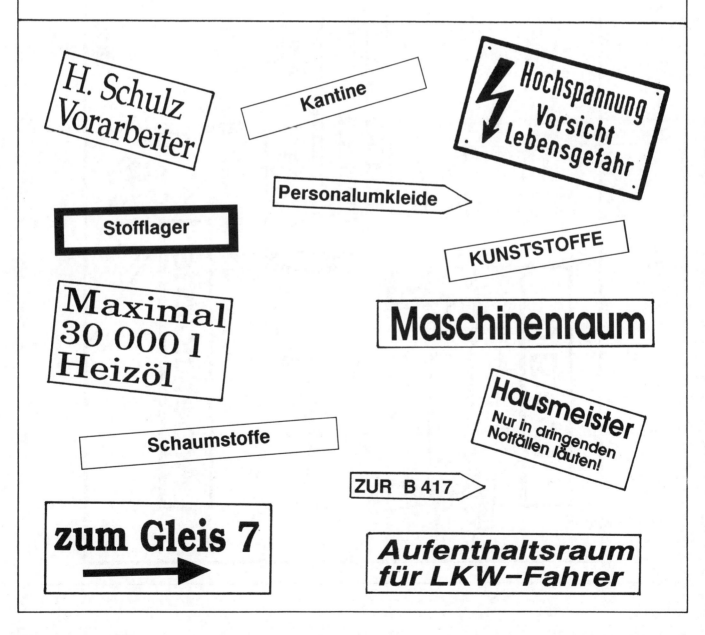

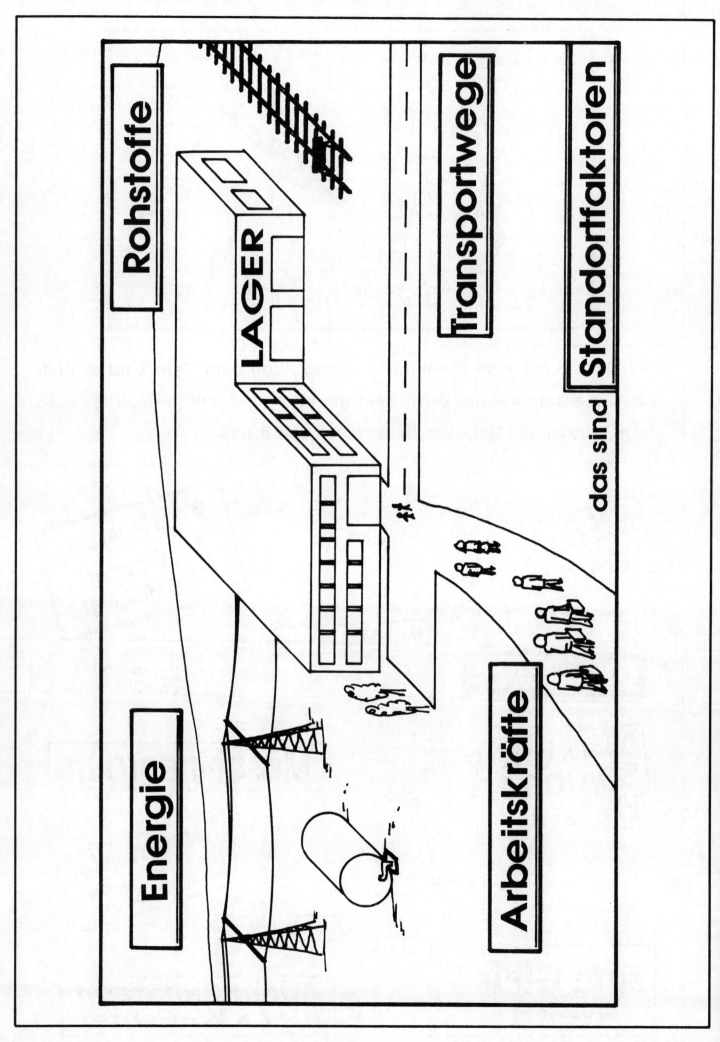

Was braucht ein Industriebetrieb?

Zwei Fabrikbesitzer unterhalten sich:

Meier: "Herr Manni, Sie haben eine Spielzeugfabrik gebaut?"
Manni: "Ja, ich habe Ochsenbrunn als Standort ausgewählt, weil
es dort genügend Arbeitskräfte gibt."
Meier: "Und woher beziehen Sie Ihre Rohstoffe?"
Manni: "Sie kommen mit der Bahn aus Neustadt. Die fertigen Spiel-
sachen werden mit dem LKW abtransportiert, die Transport-
wege sind bestens!"
Meier: "Was stellen Sie her?"
Manni: "Teddybären und Spielzeugautos, hergestellt in elektrisch
beheizten Pressen."
Meier: "Da brauchen Sie aber viel Energie! Haben Sie schon mit
dem Elektrizitätswerk gesprochen?"
Manni: "Ja, das geht in Ordnung, auch das Heizöl kommt aus der
Gegend."
Meier: "Da haben Sie ja die besten Standortfaktoren!"
Manni: "Ja, ich habe an alles gedacht!"

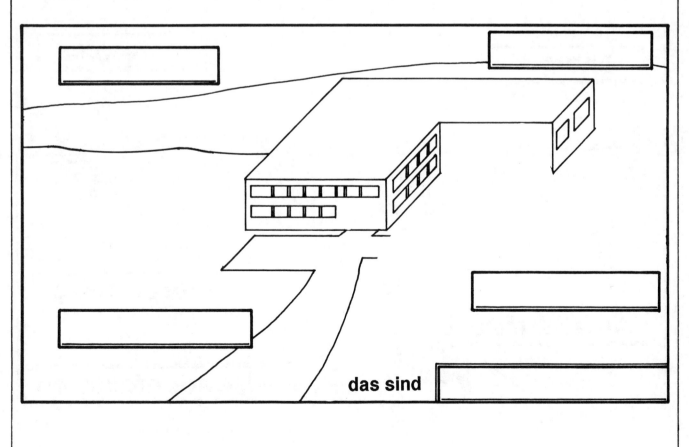

das sind

ERDKUNDE	NAME:	KLASSE:	DATUM:	NR.:

Was braucht ein Industriebetrieb?

Zwei Fabrikbesitzer unterhalten sich:

Meier: "Herr Manni, Sie haben eine Spielzeugfabrik gebaut?"

Manni: "Ja, ich habe Ochsenbrunn als Standort ausgewählt, weil es dort genügend Arbeitskräfte gibt."

Meier: "Und woher beziehen Sie Ihre Rohstoffe?"

Manni: "Sie kommen mit der Bahn aus Neustadt. Die fertigen Spielsachen werden mit dem LKW abtransportiert, die Transportwege sind bestens!"

Meier: "Was stellen Sie her?"

Manni: "Teddybären und Spielzeugautos, hergestellt in elektrisch beheizten Pressen."

Meier: "Da brauchen Sie aber viel Energie! Haben Sie schon mit dem Elektrizitätswerk gesprochen?"

Manni: "Ja, das geht in Ordnung, auch das Heizöl kommt aus der Gegend."

Meier: "Da haben Sie ja die besten Standortfaktoren!"

Manni: "Ja, ich habe an alles gedacht!"

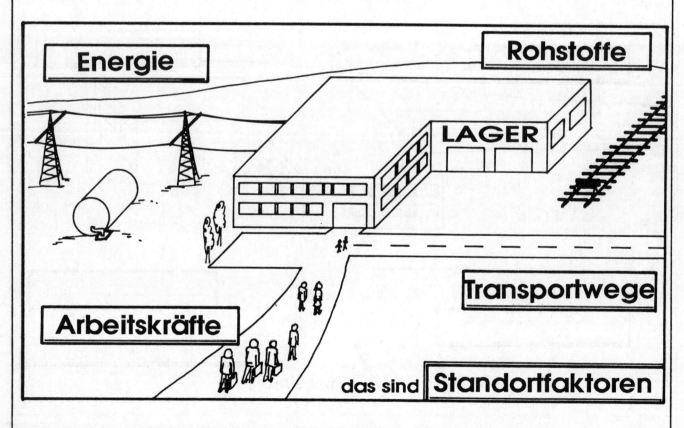

LEHRBEREICH/LEHREINHEIT INDUSTRIE

THEMA Nürnberg

LERNZIELE

Die Schüler sollen

- wissen, daß Nürnberg schon vor 600 Jahren wirtschaftliche Bedeutung hatte.
- einige Erfindungen und einige bekannte Fertigprodukte nennen können.
- erkennen, daß Nürnberg durch die Industrialisierung zu einem Industriezentrum wurde.
- erkennen, daß Nürnberg früher wie heute günstige Verkehrsverbindungen besitzt.
- einige der heutigen Industriezweige wissen.

ARBEITSMITTEL/MEDIEN/LITERATUR

Wandkarte, Atlas (Harms Weltatlas für die bayerische Schule), Folien, AB
Gegenstände, die in Nürnberg produziert werden: Folienstifte, Bleistifte,
Spielzeug, Lebkuchenschachteln, ...

Vorbemerkung: Doppelstunde

TAFELBILD/FOLIE

Nürnberg  **Nürnberg-Fürth-Erlangen**

Vor 600 Jahren: **Heute:**
Handels- und   **Industrie-**
Handwerker-   **zentrum**
zentrum

wichtigster Standort-
faktor: _Transportwege_

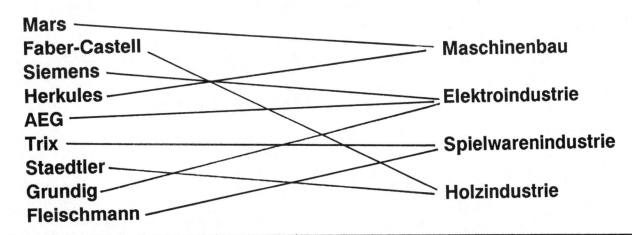

Mars — Maschinenbau
Faber-Castell
Siemens
Herkules — Elektroindustrie
AEG
Trix — Spielwarenindustrie
Staedtler
Grundig — Holzindustrie
Fleischmann

HINWEISE/NOTIZEN

Unterrichtsstufe Zielangabe	METHODE		LERNINHALTE (STOFF)	ZEIT
TZ und (TZ) Zusl.	Lehr / Lernakte	Medieneinsatz	Tafelanschrift (bzw. Folie)	

I. HINFÜHRUNG				
	Vorzeigen UG		Gegenstände, die in Nürnberg hergestellt werden.	
Z i e l a n g a b e		TA	Nürnberg	
II. ERARBEITUNG	Lokalisation	Wandkarte/ Atlas	Wo? Wie weit von unserem Heimatdorf, -stadt entfernt? Wie müssen wir fahren?	
1. T e i l z i e l			Nürnberg vor 600 Jahren	
	Lehrererzählung		L: Vor 600 Jahren war Nürnberg schon ein berühmtes Handels- und Handwerkszentrum ... (siehe Lösung AB)	
			L: Was habe ich dir erzählt?	
	SS wiederholen	TA	SS: Vor 600 Jahren, Handels- und Handwerkszentrum ...	
			L: Jetzt weißt du sicher, was ich auf der Folie in die Lücken schreiben muß!	
		Folie (= AB)	SS: ...	
	Eintrag AB UG	Folie	Handelswege SS: Von Nürnberg aus kann man überall hin ...	
			L: Vergleiche mit München!	
	Impuls	TA TA	wichtigster Standortfaktor: SS: Transportwege	
	Eintrag AB	Folie (= AB)		
2. T e i l z i e l			Nürnberg heute	
			L: Wir machen einen Zeitsprung von 400 Jahren ...	
		Folie	Einwohnerzahlen Nürnbergs SS: 1800: 25.000 E.; 1880: 100.000 E.; ...	
	SS-Vermutungen			
	L.-Erzählung / UG	Folie	James Watt - 1780 Dampfmaschine erfunden - Eisenbahn - Adler: Nürnberg-Fürth - Fabriken entstanden - viele Arbeitskräfte werden gebraucht - Zuzug - Stadt wurde größer - Zusammenwachsen von Nürnberg-Fürth-Erlangen.	
		Wandkarte TA		
	Eintrag AB	Folie (= AB)		
	AA/GA	Atlas S. 9	L: Suche Industriezweige, die es heute in Nürnberg-Fürth-Erlangen gibt!	
	Eintrag Folie (= AB) / AB			
	Konkretisierung / Folie		L: Kannst du eine Firma mit dem richtigen Industriezweig verbinden?	
			L: Ein Gebiet, in dem auf engem Raum soviel Industriebetriebe versammelt sind, hat einen Namen!	
	Eintrag AB	TA	SS: Heute: Industriezentrum	
	Impuls		L: Ich habe "wichtigster Standortfaktor: Transportwege" in die Mitte der Tafel geschrieben?!	
	UG Kartenarbeit		SS: Vielleicht auch heute noch wichtig ... Autobahnen, Bahnverbindungen, Kanäle ...	
III. LZ-KONTROLLE		Folie	L: Ich habe einen kleinen Text vorbereitet. Wie viele Fehler kannst du finden?	
	stilles Lesen SS begründen		SS: Ich entdecke 4 Fehler!	
H a u s a u f g a b e	AA		L: Suche in Zeitungen (z.B. Samstag: Stellenanzeigen), Spielzeugkatalogen etc. Firmenembleme (-schilder) von Nürnberger Betrieben und klebe sie in den Kasten auf dem AB unten!	

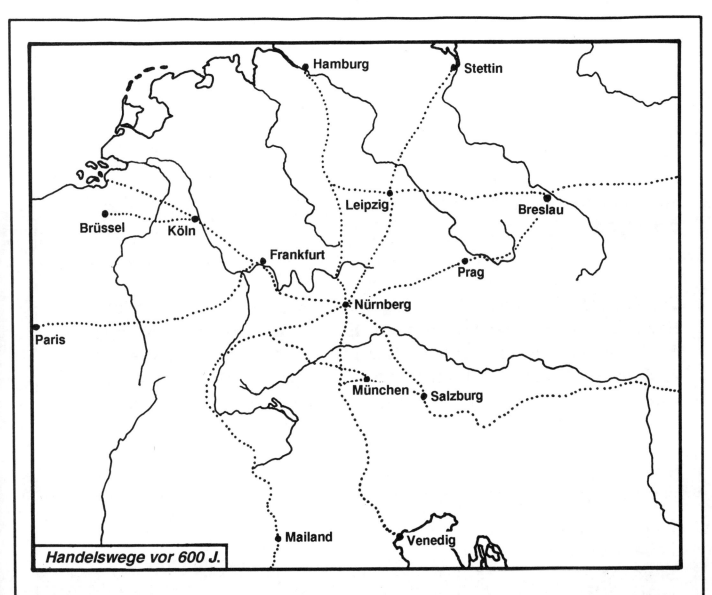

Handelswege vor 600 J.

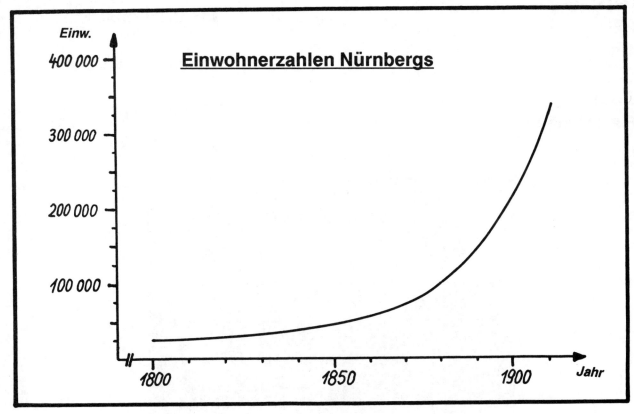

Einwohnerzahlen Nürnbergs

Im Jahre 1835 fuhr die erste Eisenbahn Deutschlands zwischen Nürnberg und Fürth. Die "Adler"-Lokomotive erreichte eine Geschwindigkeit von 30 Kilometer in der Stunde.

Vor 600 Jahren wurde Nürnberg gegründet. Es war ein berühmtes Handels- und Heimwerkerzentrum. Erfindungen wie die Taschenuhr, die Drehbank und das Lineal stammen aus Nürnberg. Heute gibt es zahlreiche Industriebetriebe. Grundig produziert Videorecorder, Fleischmann stellt leckere Fleischkonserven her und von Staedtler kommen Bleistifte.

Mars
Faber-Castell
Siemens   Maschinenbau
Herkules
AEG   Elektroindustrie
Trix
Staedtler   Spielwarenindustrie
Grundig
Fleischmann   Holzindustrie

Eisen Bahn-Lebkuchen.

Joh. David. Forster in Nürnberg.

ERDKUNDE	NAME: _____	KLASSE: _____	DATUM: _____	NR.: ___

Nürnberg

Schon vor _____ Jahren war Nürnberg ein berühmtes _____-

und _____. Die Nürnberger Meister waren wegen

ihrer Kunstfertigkeit und ihres Ideenreichtums berühmt. Erfindungen

wie die (T)_____, die (D)_____, der (Sch)

_____, die (H)_____ oder das (G)

_____ stammen aus Nürnberg.

Berühmte Produkte wie (B)_____, (Z)_____, (B)

_____, (S)_____ und (L)_____

wurden in ganz Europa gekauft, z.B. in (A)_____, (P)

_____, (V)_____ und (B)_____.

Wichtigster Standortfaktor waren die _____.

Mit der Erfindung der (D)_____ setzte für Nürn-

berg ein großer Aufschwung ein. Hatten um 1800 nur _____ Men-

schen dort gelebt, waren es 1910 bereits _____ Einwohner,

weil viele (F)_____ entstanden waren, die (A)_____-

_____ brauchten. Die Städte _____, _____ und

_____ wuchsen zusammen. Heute gibt es in diesen Städten

viele Industriezweige:_____

_____

_____

_____.

Nürnberg-Fürth-Erlangen ist heute ein großes _____.

| ERDKUNDE | NAME: _____ | KLASSE: _____ | DATUM: _____ | NR.: ___ |

Nürnberg

Schon vor __600__ Jahren war Nürnberg ein berühmtes __Handels__ -
und __Handwerkerzentrum__ . Die Nürnberger Meister waren wegen
ihrer Kunstfertigkeit und ihres Ideenreichtums berühmt. Erfindungen
wie die (T)__Taschenuhr__ , die (D)__Drehbank__ , der (Sch)
__Schraubstock__ , die (H)__Hobelbank__ oder das (G)
__Gewehr__ stammen aus Nürnberg.
Berühmte Produkte wie (B)__Brillen__ , (Z)__Ziekel__ , (B)
__Bleistifte__ , (S)__Spielwaren__ und (L)__Lebkuchen__
wurden in ganz Europa gekauft, z.B. in (A)__Amsterdam__ , (P)
__Paris__ , (V)__Venedig__ und (B)__Breslau__ .
Wichtigster Standortfaktor waren die __Transportwege__ .

Mit der Erfindung der (D)__Dampfmaschine__ setzte für Nürnberg ein großer Aufschwung ein. Hatten um 1800 nur __25.000__ Menschen dort gelebt, waren es 1910 bereits __330.000__ Einwohner,
weil viele (F)__Fabriken__ entstanden waren, die (A)__Arbeits__ -
__kräfte__ brauchten. Die Städte __Nürnberg__ , __Fürth__ und
__Erlangen__ wüchsen zusammen. Heute gibt es in diesen Städten
viele Industriezweige: __Papierindustrie; Holzindustrie; Glas- und Feinkeramik-__
__industrie; Elektroindustrie; Feinmechanikindustrie; Optikindustrie; Metallindustrie;__
__Nahrungs- und Genußmittelindustrie; Spielwarenindustrie; Lederindustrie; Textil- und__
__Bekleidungsindustrie__ .
Nürnberg-Fürth-Erlangen ist heute ein großes __Industriezentrum__ .

LEHRBEREICH/LEHREINHEIT   INDUSTRIE

THEMA   Wie ist die Kohle entstanden?

LERNZIELE

Die Schüler sollen

- wissen, wie Braun- und Steinkohle entstanden sind und daß sie in mehreren Schichten übereinander in der Erde lagern.
- den Unterschied zwischen Braun- und Steinkohle kennen.
- aufgrund der Kenntnis des begrenzten Vorrats Einsicht in die Bedeutung der Kohle für den Menschen gewinnen (Wertung)
- sich üben in der Fertigkeit, aus Bild und Text Information zu entnehmen.

ARBEITSMITTEL/MEDIEN/LITERATUR

Stück Braun- und Steinkohle, Stück verkohltes Holz, Schemabilder, Arbeitsblatt,

Dia:
Braunkohlentagebau, Steinkohlenbergwerk

Lernsequenzen zum Thema Energie, Heft 3
(c) Arbeitskreis Schulinformation Energie, Frankfurt; 1985

TAFELBILD/FOLIE

Wie ist die Kohle entstanden?

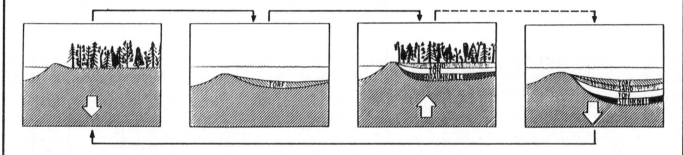

Der Abbau der Steinkohle erfolgt mit modernsten technischen Mitteln

Braunkohleabbau im Tagebau mit riesigen Schaufelradbaggern

HINWEISE/NOTIZEN

LITERATUR: HAUSMANN/STAHL: Erdkunde 6, OLDENBOURG/WESTERMANN, 1986

METHODE			LERNINHALTE (STOFF)	ZEIT
Unterrichtsstufe				
(Teil) Zielangabe und (Teil) Zusammenfassung			Tafelanschrift (bzw. Folie)	
	Lehr / Lernakte			
		Medieneinsatz		

M o t i v a t i o n				
	L zeigt vor (Hinweis auf Farbe)		L: Braunkohle/Steinkohle	
	Spontanäußerungen		S: ...	
I. PROBLEMSTELLUNG			L: Dieses Stück Kohle gibt uns eine Menge Fragen auf.	
	Problematisierung		S: Wie ist Kohle entstanden? Wo wird Kohle abgebaut? Wie wird Kohle abgebaut? Wozu brauchen wir Kohle? ...	
	Problemerfassung			
Z i e l a n g a b e			L: Heute werden wir uns nur mit einer dieser Fragen befassen, die zunächst die wichtigste ist.	
			S: ...	
		TA	Wie ist die Kohle entstanden?	
II. PROBLEMLÖSUNG				
	1. Hypothesenbildung		Wir vermuten	
	opt. Hilfsimpuls: verkohltes Holzscheit verbaler Hilfsimpuls: Entstehung von Salz		S: ...	
	2. Lösungsplanung		Teilfragen	
	verbaler Hilfsimpuls		S: 1. Wie ist die Kohle entstanden?	
			2. Wodurch unterscheiden sich Braun- und Steinkohle?	
	3. Erarbeitung in Teil- zielen			
1. T e i l z i e l :			Entstehung von Kohle	
	arbeitsteilige Gruppen- arbeit			
	Gruppen 1-3:		Entstehung von Steinkohle	
		Arbeitsmate- rial: 1.Bil- der auf AB 2.Buch S. 44 Text		
	Gruppen 4-6			
		Arbeitsmate- rial: 1.Bilder auf AB 2.Buch S. 44 Text	Entstehung von Braunkohle	

METHODE	LERNINHALTE (STOFF)	ZEIT
Unterrichtsstufe / (Teil) Zielangabe und (Teil) Zusammenfassung / Lehr / Lernakte / Medieneinsatz	Tafelanschrift (bzw. Folie)	

Gruppenberichte L heftet Bilder an TA SS sprechen dazu TA	Sumpfwälder vom Meer überflutet Deckschicht luftdichter Abschluß Holz verkohlt Meer nicht zurück wiederholte sich	
Teilzusammenfassung mündliche Wiederholung Eintrag in AB		
2. Teilziel	Unterscheidung Braunkohle - Steinkohle	
Begriffsklärung: Braunkohle	L: Ihr (Gruppen 4-6) könnt noch etwas wichtiges über die Beschaffenheit von Braunkohle sagen	
TA	S: ... verkohltes Holz, weich Braunkohle	
	L: Wo die Braunkohle lagert, wissen alle Kinder	
TA	S: Nahe an der Erdoberfläche	
Begriffsklärung: Steinkohle:	L: Die Steinkohle weist eine andere Beschaffenheit auf, wie schon der Name sagt.	
TA	S: ... hartes Gestein Steinkohle	
	L: Du weißt auch, wodurch diese harte Steinkohle entstanden ist	
	S: ...	
TA	hoher Druck der darüberliegenden Gesteinsschichten	
	steigende Hitze in größeren Tiefen	
Teilzusammenfassung schriftlicher Eintrag mündlich Dia	Dia: Braunkohlentagebau Dia: Steinkohlenbergwerk	

METHODE	LERNINHALTE (STOFF)	ZEIT
Unterrichtsstufe (Teil) Zielangabe und (Teil) Zusammenfassung Lehr / Lernakte Medieneinsatz	Tafelanschrift (bzw. Folie)	

III. GESAMTZUSAMMENFASSUNG/SICHERUNG

Rückgriff auf Ausgangs-
frage
Überprüfung der Vermutungen

       Eintrag AB

IV. WERTUNG

– in Bezug auf Notwendig-
  keit

L: Ist es wirklich notwendig, daß man
die Kohle so mühsam aus der Erde heraus-
holt, wie wir im Dia gesehen haben?

S: ...

– in Bezug auf versch.
Heizwert und begrenztes
Vorhandensein

L: Na, glaubst du nicht, daß es genügen
würde, wenn man nur Braunkohle abbaut?

S: ...

L: Dann werden wir ja nie frieren müssen,
dann können wir immer Kohle abbauen.

H a u s a u f g a b e

   AB Kohlenabbau

ERDKUNDE

NAME: _____ KLASSE: _____ DATUM: _____ NR.: _____

Wie ist die Kohle entstanden?

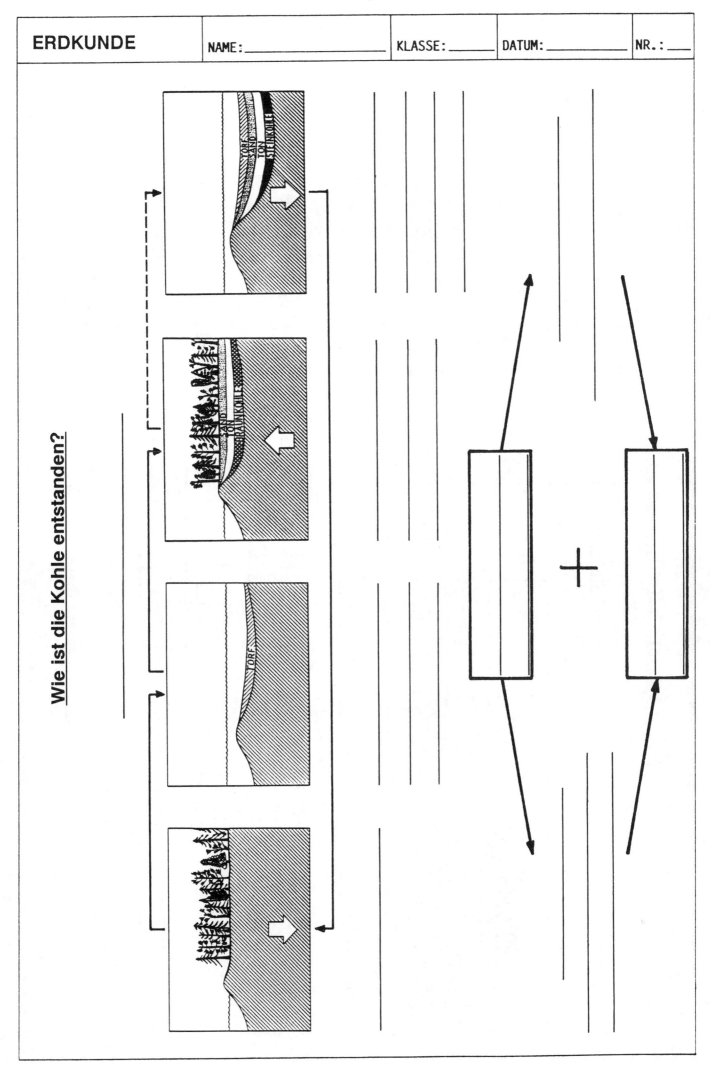

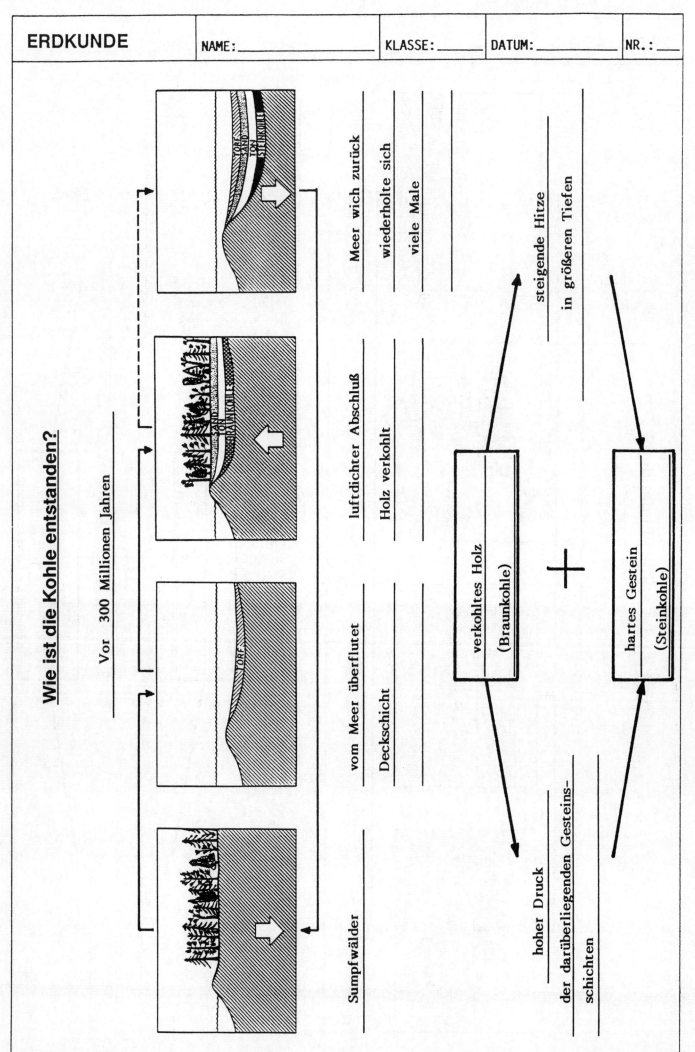

ERDKUNDE   NAME: _____   KLASSE: _____   DATUM: _____   NR.: ____

Wie ist die Kohle entstanden?

Vor 300 Millionen Jahren

TORF SAND TON STEINKOHLE

Meer wich zurück

wiederholte sich

viele Male

SAND TON BRAUNKOHLE

luftdichter Abschluß

Holz verkohlt

TORF

vom Meer überflutet

Deckschicht

Sumpfwälder

steigende Hitze

in größeren Tiefen

verkohltes Holz
(Braunkohle)

+

hartes Gestein
(Steinkohle)

hoher Druck

der darüberliegenden Gesteins-

schichten

| ERDKUNDE | NAME: | KLASSE: | DATUM: | NR.: |

Kohlenabbau

1a Die meiste Steinkohle wird im Ruhrgebiet abgebaut. (Atlas: Norddeutschland) Hauptorte sind
Do= _____ , Du= _____ , Ob= _____ ,
Bo= _____ , Mü= _____ , Ge= _____ , Es= _____ , Re= _____ ,
und He= _____ .

1b Steinkohle wird auch in der Gegend von
Sa= _____ im Bundesland _____ abgebaut.

2a Große Braunkohlevorkommen gibt es um
Ha= _____ und Le= _____ wird viel Braun-

2b Auch bei Co= _____ wird viel Braunkohle abgebaut.

Aufgaben:
Atlas: Bodenschätze und Bergbau.
Trage die Gebiete 1a, 1b, 2a, 2b in die nebenstehende Karte ein und schraffiere Steinkohlegebiete schwarz und Braunkohlegebiete braun.

Trage auf der nebenstehenden Karte deinen Heimatort mit einem roten Kreuz ein und berechne die Entfernung bis nach Dortmund.
Antwort: Bis nach Dortmund sind es _____ km.

1 cm = 50 km

1:5.000.000

ERDKUNDE

NAME: _____   KLASSE: _____   DATUM: _____   NR.: ____

Kohlenabbau

● Die meiste Steinkohle wird im Ruhrgebiet abgebaut. (Atlas: Norddeutschland) Hauptorte sind

Do= **Dortmund** , Du= **Duisburg** , Ob= **Ober-**
hausen , Mü= **Mühlheim** , Es= **Essen** ,
Bo= **Bochum** , Ge= **Gelsenkirchen** , Re= **Reck-**
linghausen und He= **Herne** .

● Steinkohle wird auch in der Gegend von
Sa= **Saarbrücken** im Bundesland **Saar-**
land abgebaut.

● Große Braunkohlevorkommen gibt es um
Ha= **Halle** und Le= **Leipzig** .
● Auch bei Co= **Cottbus** wird viel Braun-
kohle abgebaut.

Aufgaben:

Atlas: Bodenschätze und Bergbau.
Trage die Gebiete 1a, 1b, 2a, 2b in die nebenstehende Karte ein und schraffiere Steinkohlegebiete schwarz und Braunkohlegebiete braun.

Trage auf der nebenstehenden Karte deinen Heimatort mit einem roten Kreuz ein und berechne
die Entfernung bis nach Dortmund.
Antwort: Bis nach Dortmund sind es _____ km.

1 cm = 50 km

1:5.000.000

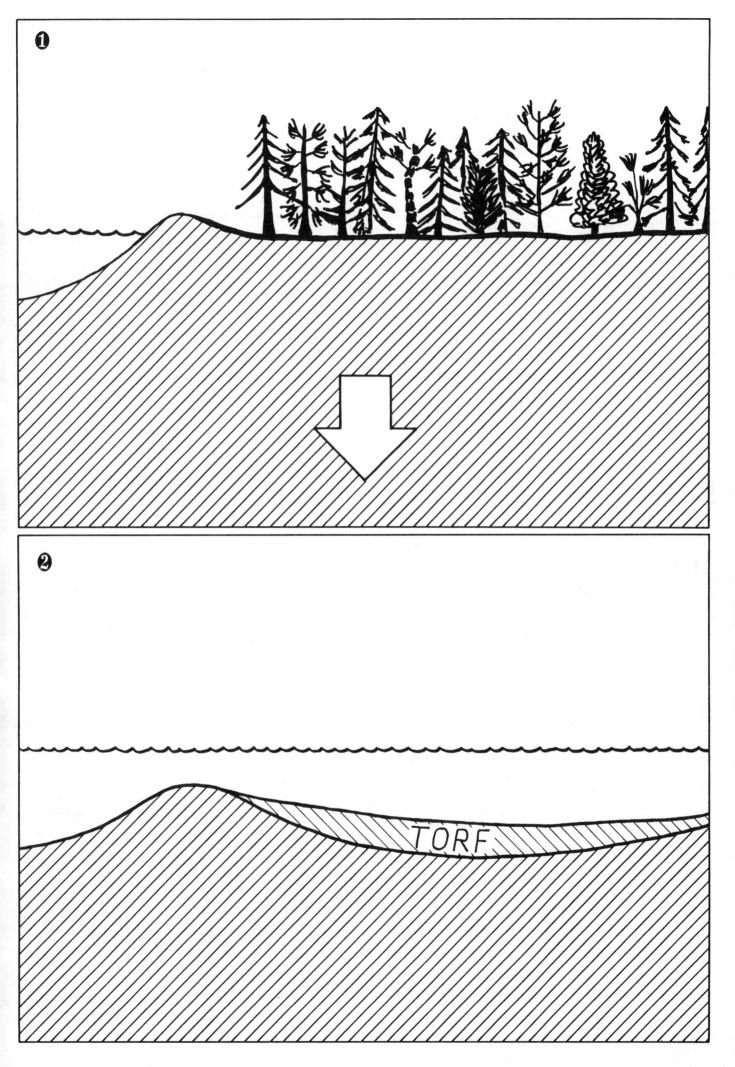

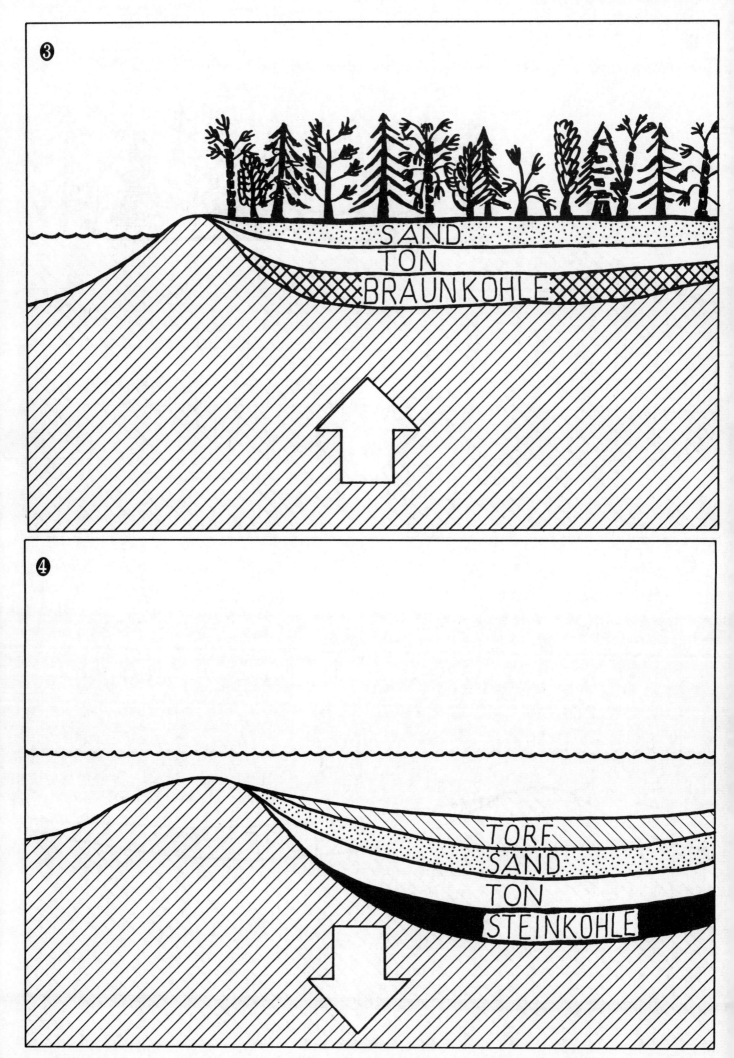

LEHRBEREICH/LEHREINHEIT   INDUSTRIE

THEMA   Versorgung des Nahraums mit ENERGIE

LERNZIELE

- Kenntnis der verschiedenen Arten von Energieträgern.

- Kenntnis der Verwendungsmöglichkeiten der Energieträger.

- Überblick über Versorgung des Nahraums mit Energie.

- Bereitschaft, mit Energie sparsam umzugehen.

ARBEITSMITTEL/MEDIEN/LITERATUR

Wandkarte, Atlaskarte, Schülerarbeitsbuch (z.B. Harms Erdkunde 6, Verlag List-Schroedel), statistisches Material über Entwicklung des Energieverbrauchs im Nahraum

VORARBEIT: Erkundigung der Schüler, welche Arten von Energie zu Hause verwendet werden und woher diese kommen.
Wo verbrauchst du selbst im Alltag Energie?

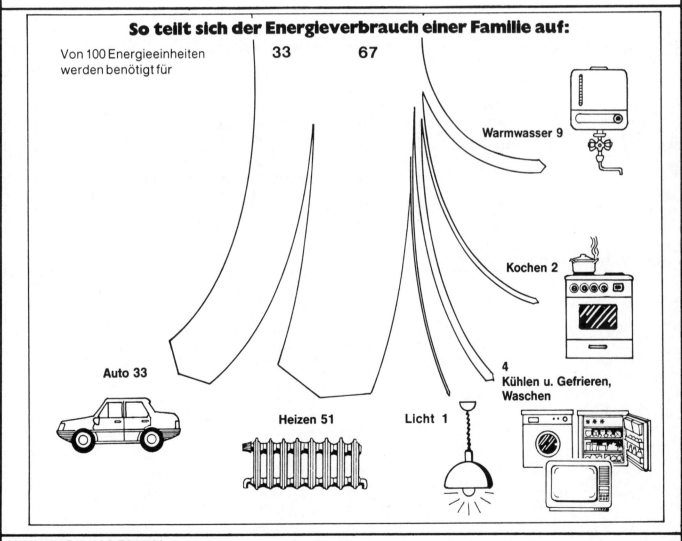

So teilt sich der Energieverbrauch einer Familie auf:

Von 100 Energieeinheiten werden benötigt für   33   67

Warmwasser 9

Kochen 2

Auto 33

Heizen 51   Licht 1

4
Kühlen u. Gefrieren, Waschen

HINWEISE/NOTIZEN

Anmerkung: Lerninhalt konkretisiert am Beispiel Landshut.
Übertragung auf jeweiligen Nahraum erforderlich!

Unterrichtsstufe Zielangabe	**METHODE**		**LERNINHALTE (STOFF)**	ZEIT
TZ und (TZ) Zusf.	Lehr / Lernakte	Medieneinsatz	Tafelanschrift (bzw. Folie)	
I. SITUATIONSKONFRONTATION				
		Bild	Elektrische Geräte (Haushalt oder Industriebetrieb)	
	UG/Aussprache		Einbringen des Vorwissens und der vorbereitenden Arbeitsaufträge	
		TA	Klären der Begriffe "Energie" und "Energieträger"	
		Graphik (Folie)	Entwicklung des Energieverbrauchs im Nahraum	
	UG		Auswertung	
P r o b l e m f r a g e		TA	Wie wird (Landshut) mit Energie versorgt?	
	UG		Ungelenkte Aussprache, Einbringen von Vorwissen	
II. SITUATIONSANALYSE				
1. T e i l z i e l			Welche Energieträger gibt es?	
	UG	TA	Kohle Öl Gas Fernwärme Elektrizität	
	arbeitsteilige PA		L: Überlege mit deinem Partner, wie und wozu diese Energieträger eingesetzt werden?	
	UG		Auswerten der PA	
		TA	Ergänzen des Tafelbildes	
T Z - Z u s . f .			Verbalisieren des Tafelbildes	
2. T e i l z i e l			Wie wird unser Raum versorgt?	
	UG	Buch Karte	Erarbeitung im Unterrichtsgespräch unter Einsatz des Schülerbuches und der Wandkarte.	
		TA	Elektrizität: Bayernwerk Altheim Kernkraftwerk Ohu Verbundsystem der OBAG Kohle: Ruhrgebiet (Steinkohle) **Raum Köln (Braunkohlebriketts)** Öl, Benzin: Ingolstadt (- Afrika, Arabien) Erdgas: Norddeutschland	
T Z - Z u s . f .			Zusammenfassende Wiedergabe des Tafelbildes, dabei Lokalisierung an der Karte	
III. SITUATIONSWERTUNG				
	UG		1. Die Abhängigkeit von Energieeinfuhren ist nicht unproblematisch.	
		Dia	2. Belastung der Umwelt (z.B. Kohlekraftwerk), Risiko des Atomstroms nach Tschernobyl	
		Graphik	3. Rückgriff auf Graphik aus der Motivationsphase: Wie soll es weitergehen? Möglichkeiten, Energie zu sparen Beitrag jedes einzelnen	
IV. SICHERUNG				
			- Niederschrift über Versorgung des Nahraums mit Energie - Arbeit mit dem Buch, Erledigung von Arbeitsaufgaben.	

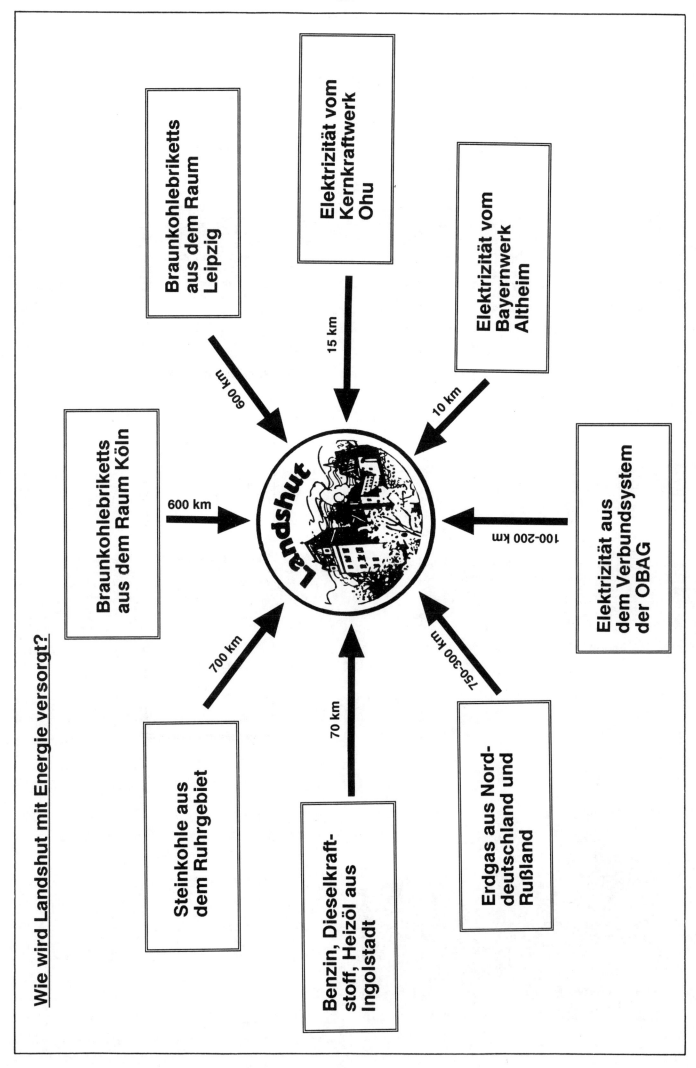

109

Wie wird Landshut mit Energie versorgt?

Braunkohlebriketts aus dem Raum Leipzig

Elektrizität vom Kernkraftwerk Ohu

Elektrizität vom Bayernwerk Altheim

Braunkohlebriketts aus dem Raum Köln

Elektrizität aus dem Verbundsystem der OBAG

Steinkohle aus dem Ruhrgebiet

Benzin, Dieselkraftstoff, Heizöl aus Ingolstadt

Erdgas aus Norddeutschland und Rußland

Landshut

600 km

15 km

10 km

600 km

100-200 km

700 km

70 km

750-300 km

Ergänzende Energien

Primäre Quellen

Die wichtigsten technisch nutzbaren Quellen

1. Kernfusion in der Sonne

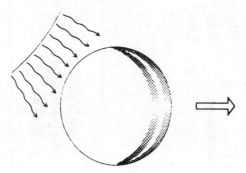

Sonnenstrahlung
Windenergie
Wellenenergie
Meeresströmung
Meereswärme
Biomasse
Umweltwärme
Wasserkraft

2. Isotopenzerfall im Erdinnern

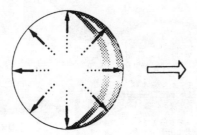

Erdwärme

3. Anziehung von Erde und Mond (Planetenbewegung)

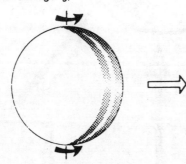

Gezeitenenergie

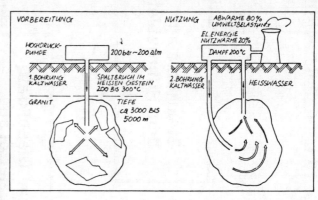

Lernsequenzen zum Thema Energie, Heft 9
(c) Arbeitskreis Schulinformation Energie, Frankfurt; 1985

| ERDKUNDE | NAME: _____ | KLASSE: _____ | DATUM: _____ | NR.: ___ |

So wird unser Heimatort mit Energie versorgt

> Stelle in einem Schaubild die Versorgung deines Heimatortes mit Energie dar!

Energie ist gespeicherte Kraft, die umgewandelt werden kann.

Kohle: _____   Öl: _____

Heizgas: _____   Fernwärme: _____

Elektrizität: _____

Kennst du weitere Energieträger?

_____

Wie werden sie bisher genützt?

_____

_____

Die Abhängigkeit von der Energieversorgung nimmt zu. Begründe!

_____

_____

Gefahren:

_____

_____

Kohle und Benzin können die Umwelt belasten. Erkläre!

_____

_____

Abhilfemöglichkeiten:

_____

_____

ERDKUNDE	NAME: _____	KLASSE: _____	DATUM: _____	NR.: ____

So wird unser Heimatort mit Energie versorgt

Stelle in einem Schaubild die Versorgung deines Heimatortes mit Energie dar!

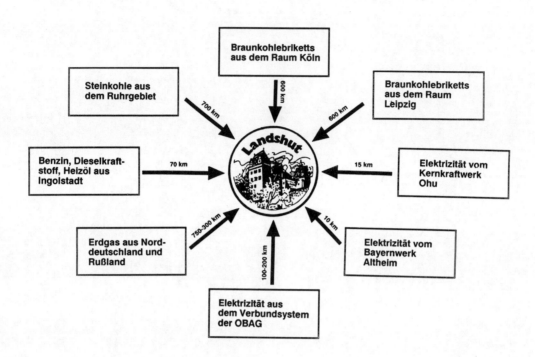

Energie ist gespeicherte Kraft, die umgewandelt werden kann.

Kohle: __Wärme__   Öl: __Wärme, Bewegung__

Heizgas: __Wärme__   Fernwärme: __Wärme__

Elektrizität: __Licht, Wärme, Kälte, Bewegung__

Kennst du weitere Energieträger?

Wind, Sonne, Wasser, Uran, ERdwärme

Wie werden sie bisher genützt?

Windmühlen, Growiane; Wasserkraftwerke; Sonnenkollektoren, Solaranlagen; Atomkraftwerke;

Die Abhängigkeit von der Energieversorgung nimmt zu. Begründe!

Steigender Energieverbrauch; Energieträger kommen immer mehr aus dem Ausland

Gefahren:

Lieferungen können unterbrochen oder eingestellt werden; man wird abhängig und dadurch leichter erpreßbar

Kohle und Benzin können die Umwelt belasten. Erkläre!

Giftige Abgase; starke Staubbelastung -> Schädigung der Wälder und Kunstwerke (Kirchen); gesundheitliche Beeinträchtigung der Menschen

Abhilfemöglichkeiten:

Reinigen der Abgase durch Filteranlagen; Katalysatoren; bleifreies Benzin; sparsames Umgehen mit Energie

LEHRBEREICH/LEHREINHEIT	INDUSTRIE

THEMA   Das rheinisch - westfälische Industriegebiet

LERNZIELE

GROBZIEL: Der Schüler soll die Entwicklung eines rohstofforientierten Industriegebietes und seinen Strukturwandel kennenlernen.

FEINZIELE: Der Schüler soll:
1. den Strukturwandel des Ruhrgebietes und die günstigen Voraussetzungen hierfür beschreiben können.
2. wissen, daß sich andere Industrien angesiedelt haben und die Industriezweige nennen können.
3. bestimmte Punkte auf einer Karte wiederfinden können.
4. eine Wirtschaftskarte lesen und interpretieren können.
5. Symbole lesen können
6. Informationen aus der Karte und dem Schülerbuch entnehmen können.
7. Ein Schaubild auswerten können.

ARBEITSMITTEL/MEDIEN/LITERATUR

2 Bilder (Luftaufnahme Ruhrgebiet, Bergarbeiter die aus dem Schacht kommen), Schaubild
Wandkarten (geographische Karte Deutschlands, Wirtschaftskarte Deutschlands, Ausschnittkarte Ruhrgebiet (von den Schülern angefertigt)
Symbolkärtchen / Wandtafel
Atlas ("Deutschland und die Welt", HARMS-Atlas, LIST-Verlag)
Schülerbuch (Erdkunde 6.Schuljahr, HAUSMANN/MÜLLER, OLDENBOURG-Verlag)
Arbeitsblatt
Notizblock

TAFELBILD/FOLIE

Das Ruhrgebiet verändert sein Gesicht

VORAUSSETZUNGEN ZUR INDUSTRIALISIERUNG

Verkehrswege: | Wasserwege | Flüsse: Rhein, Lippe

Emscher, Ruhr

INDUSTRIEZWEIGE

Kanäle: Rhein-Herke-Kanal, Dortmund,
Ems-Kanal, Lippe-Seiten-Kanal

Häfen: Dortmund

| Landwege: | Eisenbahnnetz in alle größeren Städte

Autobahn: Münster-Köln, Recklingshausen-Wuppertal

| Luftwege: | Flughäfen: Düsseldorf-Lohhausen, Köln - Bonn

Rohstoffe,Energie: Kohle, Zink, Blei
Erdölraffinerien, Elektrizität, Gas

| AUSSCHNITTKARTE

MIT SYMBOLEN |
|---|

Arbeitskräfte: weibliche Arbeitskräfte
arbeitslose Bergbauern

Platz: stillgelegte Zechen
Gelände des ehemaligen Bergbaus

METHODE Unterrichtsstufe (Teil) Zielangabe und (Teil) Zusammenfassung Lehr / Lernakte Medieneinsatz	LERNINHALTE (STOFF) Tafelanschrift (bzw. Folie)	ZEIT

I. HINFÜHRUNG

      Mobilisierung d. Vorwissens

      st. Impuls   L.: zeigt zwei Bilder vor

      UG   SS: das Ruhrgebiet!
          Kohleförderung, Stahlerzeugung, Kohlenkrise

          L.: Zeige das Ruhrgebiet an der Karte!

      Schülertätigkeit   Ein Schüler kommt an die Karte

II. SITUATIONSKONFRONTATION

1. Ausgangssituation

      Weckung der Fragehaltung
      st. Impuls   Schaubild

      UG   SS: freie Schüleräußerungen

          L.: Erkläre das Schaubild!

          SS: Zuerst kamen immer mehr Arbeiter ins Ruhrgebiet, dann wurden plötzlich viele arbeitslos und schließlich gab es wieder mehr Arbeit.

          L.: In welchem Jahr wurden viele arbeitslos?

      Eintragen der Jahreszahl
      und der Pfeile   SS: Kohlenkrise 1966/67!

          L.: Welche Frage könnten wir heute untersuchen?

2. Lernzielformulierung

      Problemfrage   TA   S.: Warum hatten wieder mehr Menschen Arbeit?

III. SITUATIONSPRÄZISIERUNG
Hypothesenbildung   L.: Was vermutest du, warum es wieder mehr Arbeitsplätze gab?

      SS-vermutungen   SS: ...... Wir vermuten

Falls keine Vermutungen ausgesprochen
werden: gel. UG   L.: Was meinst du, wo die Menschen arbeiten konnten?

      SS: In einer anderen Firma
          In einer anderen Industrie

IV. SITUATIONSANALYSE

METHODE Unterrichtsstufe (Teil) Zielangabe und (Teil) Zusammenfassung Lehr / Lernakte Medieneinsatz			LERNINHALTE (STOFF) Tafelanschrift (bzw. Folie)	ZEIT
1. Teilziel:			<u>Welche Voraussetzungen sind nötig, um Industrie anzusiedeln, und waren sie vorhanden?</u>	
	Impuls		L.: Es war keine weiterverarbeitende Industrie vorhanden.	
			SS: Man mußte eine neue schaffen.	
			L.: Das geht nicht so ohne weiteres. Dazu sind Voraussetzungen nötig. Notiere in Stichpunkten.	
	Schülertätigkeit PA		Die Schüler besprechen sich miteinander und notieren die Ergebnisse.	
	Ergebniskontrolle	TA	Voraussetzungen zur Industrialisierung:	
			SS: Arbeitskräfte Verkehrswege Rohstoffe, Energie Platz	
	Lehrerfrage		L.: Was müßten wir jetzt tun, um feststellen zu können, ob sich Industrie dort angesiedelt hat?	
			SS: Nachprüfen, ob die Voraussetzungen erfüllt sind	
	arbeitsteilige GA		L.: Ihr sollt jetzt überprüfen, ob die Voraussetzungen vorhanden waren.	
	Gruppenaufträge		Gr. 1 u. 2: Suche und notiere die Wasserwege, die in das rheinisch-westfälische Industriegebiet führen. (Karte S. 10 u. 28) Gr. 3 u. 4: Suche und notiere die Land- und Luftwege im rheinisch-westfälischen Industriegebiet. (Karte S. 28 u. 10) Gr. 5 u. 6: Gab es genügend Rohstoffe und Energie? (Karte S. 29) Gr. 7: Überlege, ob genügend Arbeitskräfte und Platz vorhanden waren. (Hilfe: Schülerbuch)	
	Sammeln der Ergebnisse		Gruppensprecher tragen die Ergebnisse vor.	
		TA	L.: notiert die Ergebnisse mit durch Vergleich mit den Stichpunkten.	
	UG		L.: Beurteile jetzt die Situation!	
			SS: freie Schüleräußerungen	
1. Teilziel:				

METHODE Unterrichtsstufe (Teil) Zielangabe und (Teil) Zusammenfassung Lehr / Lernakte Medieneinsatz	LERNINHALTE (STOFF) Tafelanschrift (bzw. Folie)	ZEIT
T e i l z u s a m m e n f a s s u n g	S.: Die Voraussetzungen waren alle erfüllt, weil	
2. T e i l z i e l :	<u>Die Schüler sollen wissen, welche anderen Industriezweige sich angesiedelt haben</u>	
Erkenntnisbildung	L.: Wir haben festgestellt, daß die Voraussetzungen erfüllt sind. Überprüfe nun auf deiner Karte, welche anderen Industriezweige sich angesiedelt haben.	
EA	SS: Nachprüfen auf der Karte Ausschnittkarte vom rheinisch-westfälischen Industriegebiet mit Eintrag der Steinkohleförderung	
	L.: Suche dir eine Symbolkarte für eine Industrie aus und klebe sie an.	
Schülertätigkeit	Schüler kommen an die Tafel und kleben die Symbole an.	
T e i l z u s a m m e n f a s s u n g (zusammen- geklappte Ta- fel)	L.: Notiere kurz, welche Industriezweige du dir gemerkt hast.	
Ergebniskontrolle	Vergleich mit der Karte	
V. SITUATIONSBEURTEILUNG/Wertung		
UG	L.: Was hältst du von der Lösung?	
	S.: freie Äußerungen	
zugeklappte Tafel	L.: Kannst du unsere Problemfrage jetzt beantworten?	
	SS:	
VI. LERNZIELKONTROLLE	Arbeitsblatt	

ERDKUNDE	NAME: _____	KLASSE: _____	DATUM: _____	NR.: ____

Das rheinisch-westfälische Industriegebiet

Das Ruhrgebiet verändert sein Gesicht

1966/67

ERDKUNDE NAME: _____ KLASSE: _____ DATUM: _____ NR.: _____

Das rheinisch-westfälische Industriegebiet
Das Ruhrgebiet verändert sein Gesicht

Einseitige Industrie

Kohlenbergbau

Eisen – und Stahlindustrie

Kohlechemie

1966/67

Kohlenkrise

vielseitige Industrie

Bergbau, Eisen – und Stahlwerke,

Metallindustrie, Petrochemie,

Textilindustrie, Glasindustrie,

Elektroindustrie, Autofabriken

Voraussetzungen zur Indu-
strialisierung

Verkehrswege

Arbeitskräfte

Rohstoffe

Energie

Platz

Zeche im Ruhrgebiet

Das Ruhrgebiet ist mit Abstand der größte industrielle Ballungsraum Deutschlands. Basierend auf der Steinkohlenförderung hat sich in diesem Gebiet, in dem die Großstädte Duisburg, Dortmund und Essen zusammen mit den mittelgroßen Städten Krefeld, Moers, Oberhausen, Bottrop, Mülheim, Gelsenkirchen, Recklinghausen, Herne, Bochum, Witten und Castrop-Rauxel zu einer einzigartigen Großstadtlandschaft verschmolzen sind, eine Industrie angesiedelt, die Eisen- und Stahlerzeugung, Aluminiumhütten, Ölraffinerien, Großchemie, Glas-, Porzellan- und keramische Industrie, Textilindustrie und Automobilwerke in bedeutender Größe aufzuweisen hat.

Zeche Erin des Eschweiler Bergwerk-Vereins in Castrop-Rauxel bei Essen. Die Aktiengesellschaft besitzt vier Schachtanlagen, drei Kokereien, eine Brikettfabrik und drei Steinkohlenkraftwerke mit einer Gesamtleistung von 400 Megawatt.

ERDKUNDE	NAME:	KLASSE:	DATUM:	NR.:

Das rheinisch-westfälische Industriegebiet

Das Ruhrgebiet verändert sein Gesicht

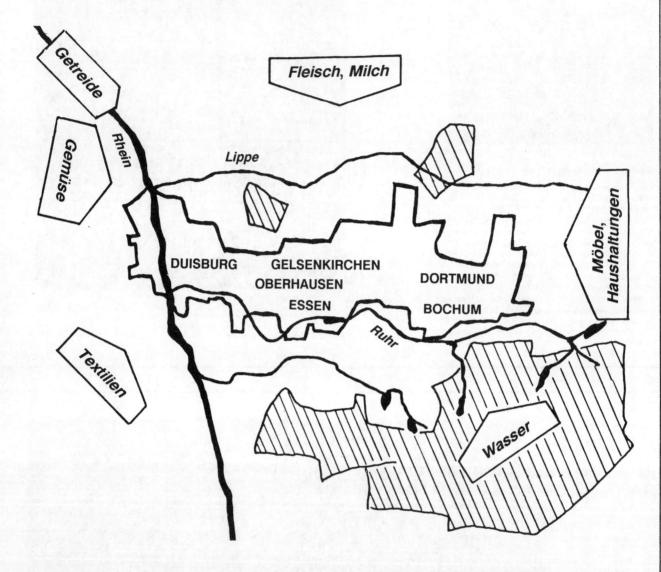

Die Güter für die Versorgung des Ruhrgebietes kommen aus der Umgebung, aus den Nachbarländern und aus Übersee: Das Münsterland und das Niederrheingebiet liefern Fleisch und Milchprodukte. Aus den USA und Kanada kommt Getreide. Die Niederlande beliefern den Gemüsemarkt. In den Städten am Rhein hat die Lebensmittelindustrie ihren Sitz, weil die Rohstoffe auf dem Wasserwege billig angeliefert werden. Von Kleve bis Köln stehen Getreide- und Ölmühlen, Margarine-, Keks- und Schokoladenfabriken. In Krefeld, Mönchen-Gladbach, Wuppertal und Bielefeld hat sich die Textilindustrie entwickelt. Aus der Umgebung von Bielefeld kommen Möbel, Haushalts- und Küchengeräte.

Die Versorgung des Industriegebietes mit Wasser ist besonders wichtig, weil die Industrie große Mengen verbraucht. Allein das Hüttenwerk Rheinhausen benötigt so viel Wasser wie die Stadt Duisburg mit ihren 500 000 Einwohnern. Das Wasser für die Ruhrstadt kommt aus dem Ruhrtal ... In den Wiesen des stillen Ruhrtales sind an vielen Stellen bis zu 100 m lange Sammelbecken eingebaut, in die das Wasser der Ruhr geleitet wird. ...... Das Wasser der Ruhr würde nicht ausreichen. Um zusätzlich Wasser zu gewinnen, hat man südlich der Ruhr im niederschlags- und waldreichen Sauerland zahlreiche Stauseen angelegt, die Wasser in die Ruhr liefern. Auch die Ruhr selbst wird durch große Seen gestaut. Der größte ist der Baldeneysee auf Essener Stadtgebiet. Er ist 7 km lang und 1 km breit.

LEHRBEREICH/LEHREINHEIT   INDUSTRIE

THEMA   Industriegebiete Deutschlands

LERNZIELE

GROBZIEL: Überblick über die industriellen Ballungsräume Deutschlands.

FEINZIELE: - Die wichtigsten Industriestandorte Deutschlands nennen.
- Die Abhängigkeit der Industriestandorte von Grundgegebenheiten erkennen.
- Die Unterschiede zwischen den Gegebenheiten im Ruhrgebiet und im Raum Leipzig erkennen.
- Übung im Umgang mit thematischen Karten und Lesen thematischer Karten.

ARBEITSMITTEL/MEDIEN/LITERATUR

Bilder, Wandkarte Deutschland, Spezialkarte aus Atlas,
Schülerarbeitsbuch (z.B. Harms Erdkunde 6, Verlag List-Schroedel)

VORARBEIT: - Standortfaktoren
- Exemplarische Behandlung des Ruhrgebiets als Industrieraum.

TAFELBILD/FOLIE

HINWEISE/NOTIZEN

Unterrichtsstufe Zielangabe	METHODE		LERNINHALTE (STOFF)	ZEIT
TZ und (TZ) Zus.	Lehr / Lernakte	Medieneinsatz	Tafelanschrift (bzw. Folie)	

I. ANKNÜPFUNG

		Bild	Industrieanlagen im Ruhrgebiet	
	UG/Aussprache		Einbringen des Vorwissens	
		Karte	Lokalisieren	

L: Das Gebiet am Rhein und Ruhr ist Deutschlands größtes und wichtigstes Industriegebiet. Es gibt aber noch weitere Industriezentren in Deutschland.

Zielangabe		TA		

> Industriezentren in Deutschland

II. ERARBEITUNG

UG

Einbringen evtl. vorhandenen Vorwissens.

Klären des Begriffs "Industriezentrum" = Gebiet, in dem auffallend viele Industriebetriebe angesiedelt sind, das also ausgesprochen von Industrie geprägt ist.

1. Teilziel

Industriezentren in Deutschland

Them. Karte im Atlas

arbeitsteilige GA/ oder PA

G 1: Industriezentren in Süddeutschland
G 2: Industriezentren in Nord- und Westdeutschland
G 3: Industriezentren in Thüringen und Berlin

Arbeitsaufträge:

1. Sucht Industriezentren und benennt sie nach Flüssen, Städten oder Ländern!
2. Welche Industriezweige finden sich dort?
3. Welche Verkehrsgegebenheiten sind aus der Karte ersichtlich?

UG — Auswertung der Arbeit

Wandkarte — Lokalisieren und Orientieren

TA — Festhalten wesentlicher Aspekte

TZ-Zus.f. — Die wichtigsten Industriestandorte nennen.

2. Teilziel

Abhängigkeiten der Industrie

Them.Karte
arbeitsteilige GA

1. Begründe, welche Standortbedingungen bei den einzelnen Industriezentren gegeben sind!
2. Warum haben sich vielfach an Flüssen Industrieschwerpunkte gebildet?
3. Diskutiert Vor- und Nachteile der einzelnen Industriezentren!

UG — Zusammenfassung der Ergebnisse.

TA — Festhalten wesentlicher Aspekte

TZ-Zus.f. — Verbalisieren des Tafelbildes

III. WERTUNG

UG

- Räume in Deutschland mit wenig Industrie: Wovon leben die Menschen hier?
- Industrielle Gegebenheiten im heimatlichen Nahraum
- Vergleich der Verteilung der industriellen Schwerpunkte im Westen bzw. Osten Deutschlands
- Kleinere Betriebe der Textil- und Lebensmittelindustrie haben sich vielfach in Gegenden mit wenig Industrie angesiedelt. Warum?

IV. SICHERUNG

- Industriezentren in wachsende Karte eintragen
- Ordnen der Industriezentren nach ihrer Größe, dazu die wichtigsten Standortbedingungen notieren.
- Karte mit Industriebetrieben des Heimatlandkreises erstellen.

ERDKUNDE

NAME: _____ KLASSE: _____ DATUM: _____ NR.: ____

Industriezentren in Deutschland

1. ____ - und ____ - deutschland sind mehr von der Industrie geprägt als Süddeutschland. Gründe:

a) _____

b) _____

c) _____

2. a) Nenne Gebiete mit keiner oder wenig Industrie!

_____

_____

b) Wovon leben die Menschen in diesen Gegenden?

_____

_____

3. Kleinere Industriegebiete haben sich im ganzen Land angesiedelt. Gründe?

ERDKUNDE

NAME: _____ KLASSE: _____ DATUM: _____ NR.: _____

Industriezentren in Deutschland

1. Nord _____ - und West _____ -deutschland sind mehr von der Industrie geprägt als Süddeutschland.
   Gründe:
   a) Bodenschätze
   b) Rohstoffe
   c) Günstige Verkehrslage

2. a) Nenne Gebiete mit keiner oder wenig Industrie!
   Bayern
   Schleswig-Holstein
   Mecklenburg

   b) Wovon leben die Menschen in diesen Gegenden?
   Agrarwirtschaft
   Fortwirtschaft (Holzwirtschaft)
   Handwerk

3. Kleinere Industriegebiete haben sich im ganzen Land angesiedelt. Gründe?
   - Dezentralisierung
   - Größere Flexibilität in der Produktion
   - Zulieferbetriebe für große Industriezweige (standortunabhängig)

Rostock

Dresden

Raum Hamburg

Raum Bremen

Berlin

Raum Hanover-Salzgitter

Raum Halle-Leipzig
Bitterfeld-Leuna-Buna
Ruhrgebiet

Raum Chemnitz-Zwickau

Saarland

Rhein-Main-Gebiet

Nürnberg-Fürth

Neckar-Gebiet

Chemiedreieck Ostbayern

LEHRBEREICH/LEHREINHEIT   INDUSTRIE

THEMA   Auswirkungen der INDUSTRIE auf die UMWELT

LERNZIELE

- Belastungen des Bodens, der Luft und des Wassers durch die Industrie nennen und mögliche Folgen aufzeigen.
- Veränderung einer Landschaft durch die Industrie erkennen und bewerten.
- Schutzmaßnahmen nennen und bewerten.
- Bereitschaft, aktiv zum Schutz der Umwelt beizutragen.
- In einer Diskussion Argumente vortragen und werten.
- Arbeit mit thematischen Karten, Bildern, Texten, Flächennutzungsplänen.

ARBEITSMITTEL/MEDIEN/LITERATUR

- Bilder, die Umweltbelastung durch Industrie zeigen
- Zeitungstexte
- Flächennutzungspläne des Nahraums (Ackerland früher - Industriegebiet heute)
- Schülerarbeitsbuch (z.B. Harms Erdkunde 6, Verlag List-Schroedel)

VORARBEIT: - Bilder und Zeitungsausschnitte über Umweltbelastung sammeln.
- Möglichkeiten notieren, wie jeder einzelne dazu beitragen kann, die Umwelt weniger zu belasten.

TAFELBILD/FOLIE

Gift aus dem Schornstein

Das Braunkohlenkraftwerk Niederaußem, eines der größten Kraftwerke der Welt. Es liefert eine elektrische Leistung von 2 700 Megawatt.

HINWEISE/NOTIZEN

ANMERKUNG: Thema nach Möglichkeit an einem aktuellen Fall oder an einem Beispiel aus dem Nahraum konkretisieren.

Unterrichtsstufe Zielangabe	METHODE		LERNINHALTE (STOFF)	ZEIT
TZ und (TZ) Zus.	Lehr / Lernakte	Medieneinsatz	Tafelanschrift (bzw. Folie)	
I. SITUATIONSKONFRONTATION				
		Bild (Dia)	mit Industrieanlagen (ggf. mit rauchenden Schloten)	
	UG		Einbringen des Vorwissens aus dem Unterricht	
			L: Die Industrie bringt nicht nur Arbeitsplätze und produziert Waren für unser tägliches Leben und für den Export, sondern sie kann auch die Umwelt belasten.	
P r o b l e m f r a g e		TA	Wie belastet die Industrie unsere Umwelt?	
	UG		Ungelenkte Aussprache, Einbringen des evtl. vorhandenen Vorwissens.	
		TA	ggf. Festhalten wesentlicher Punkte im Tafelbild	
II. SITUATIONSANALYSE				
1. T e i l z i e l			Belastung der Umwelt, Auswirkungen	
	arbeitsteilige GA	Spezialkarte im Atlas	G 1: Belastung der Gewässer (Beispiel Saar; siehe Zeitungsmeldung in Anlage)	
		Schülerbuch Bilder/Flächennutzungspläne (Nahraum!)	G 2: Belastung des Bodens G 3: Belastung der Luft G 4: Veränderung der Umwelt durch die Industrie im	
	UG		Auswertung und Zusammenfassung der Ergebnisse der GA	
		TA	Festhalten wesentlicher Punkte	
T Z - Z u s . f .			Verbalisieren des Tafelbildes	
2. T e i l z i e l			Was wird getan?	
		TA	Was wird getan?	
	UG		Ungelenkte Aussprache, Festhalten wichtiger Ergebnisse im Tafelbild	
		TA		
	EA	Schülerbuch o. Texte	Erarbeiten weiterer Aspekte aus Texten	
	UG		Auswertung und Zusammenfassung	
		TA	Wichtige Ergebnisse im Tafelbild festhalten.	
III. SITUATIONSWERTUNG				
	UG		- Zusammenfassung der bisher erarbeiteten Fakten - Nicht nur die Industrie belastet die Umwelt. Wie kann jeder einzelne zu ihrem Schutz beitragen?	
	GA		- Es gibt Mitbürger in unserem Land, die einen mehr oder weniger vollständigen Verzicht auf die Industrie fordern. Sammelt in Gruppenarbeit Argumente - für ein Festhalten an Technik und Industrie und ihre Weiterentwicklung; - für einen Ausstieg aus Technik und Industrie.	
	Sitzkreis		Diskussion der Argumente in der Klasse mit Versuch, zu einem Ergebnis zu kommen.	
IV. SICHERUNG				
			- Fertigen einer Niederschrift - Arbeitsaufgaben aus dem Schülerbuch - Projektarbeit im Nahraum	

| ERDKUNDE | NAME: _____ | KLASSE: _____ | DATUM: _____ | NR.: _____ |

Auswirkungen der Industrie auf die Umwelt

1. Zeitungsmeldung vom 14. Februar 1986:

   "In Nordostbayern wird der Smog-Vor-alarm, der am Mittwochabend ausge-löst wurde, vorerst aufrechterhalten. Das Umweltministerium teilte mit, in diesem Gebiet liege die Konzentration der Luftschadstoffe nach wie vor über dem Grenzwert, der nach den Bestim-mungen der bayerischen Smog-Ver-ordnung für den Voralarm vorgesehen ist . . . "

   a) Erkläre den Ausdruck "Smog"!

   _____

   _____

   b) Suche Nordostbayern auf der Karte und notiere einige Städte!

   _____

   c) Welche Betriebe könnten für die Schadstoffe in der Luft verantwortlich sein?

   _____

   _____

   d) Welche Abhilfemöglichkeiten kennst du?

   _____

2. Erläutere die Notwendigkeit grenzübergreifender Maßnahmen zur Reinhaltung von Luft und Wasser!

   _____

   _____

3. Schwefeldioxid ist ein Gas, das z.B. bei der Verbrennung von schwefelhaltiger Kohle entsteht.

   Ausstoß von Schwefeldioxid:

   _____   _____   _____   _____

   a) Schreibe deine Gedanken zu diesen Zahlen nieder!

   _____

   _____

   _____

   b) Welche Auswirkungen hat ein übermäßiger Ausstoß an Schwefeldioxid?

   _____

   _____

   c) Nenne Abhilfemöglichkeiten!

   _____

   _____

ERDKUNDE	NAME:	KLASSE:	DATUM:	NR.:

Auswirkungen der Industrie auf die Umwelt

4. Zeitungsmeldung

... Plötzlich trieben Tausende von Fischen im Binger Loch den Rhein hinunter. Die Ufer waren mit stinkenden Fischkadavern bedeckt ...

a) Suche auf der Karte Bingen am Rhein!

b) Was könnte zu einem solchen Fischsterben geführt haben?
Welche Industriezweige finden sich am Rhein?

_____
_____
_____

c) Verseuchtes Wasser betrifft nicht nur die Fische. Erkläre!

_____
_____

5. Zeige an einem Beispiel aus deiner näheren Umgebung, wie Industrie die Landschaft verändert!

_____
_____
_____

6. Notiere konkrete Möglichkeiten, wie jeder einzelne zur Reinhaltung von Wasser, Luft und Boden beitragen kann!

_____
_____
_____

7. Begründe, warum ein totaler Ausstieg aus Technik und Industrie für uns wohl nicht möglich ist!

_____
_____

Auswirkungen der Industrie auf die Umwelt

4. Zeitungsmeldung

a) Suche auf der Karte Bingen am Rhein!

b) Was könnte zu einem solchen Fischsterben geführt haben? Welche Industriezweige finden sich am Rhein?

"... Plötzlich trieben Tausende von Fischen im Binger Loch den Rhein hinunter. Die Ufer waren mit stinkenden Fischkadavern bedeckt ..."

Giftige Abwässer, die in den Rhein geleitet werden, vorwiegend chemische Industrie (BASF, Hoechst, Bayer)

c) Verseuchtes Wasser betrifft nicht nur die Fische. Erkläre!

Pflanzenvielfalt verschwindet; hohes Algenwachstum; die Menschen sind betroffen: Badeverbot, Gefährdung des Grundwassers, Vergiftung des Trinkwassers

5. Zeige an einem Beispiel aus deiner näheren Umgebung, wie Industrie die Landschaft verändert!

z.B.: Donauwörth: Verlust an Grünflächen und Wäldern (Stadtwald); Zunahme der Belastung für Wasser und Luft; erhöhtes Verkehrsaufkommen; Verlust an Erholungsräumen sowie an natürlichen Biotopen (Donau- und Wörnitzauen)

6. Notiere konkrete Möglichkeiten, wie jeder einzelne zur Reinhaltung von Wasser, Luft und Boden beitragen kann!

Verzicht auf phosphat- und chlorhaltige Waschmittel; sparsamer Umgang mit Wasser sowie Reinigungs- und Waschmitteln; wenig Autofahren; schadstoffarme PKW's fahren; bleifrei tanken; sparsam heizen; gewissenhaft recyclen; ...

7. Begründe, warum ein totaler Ausstieg aus Technik und Industrie für uns wohl nicht möglich ist!

Verlust an Lebensqualität; Einbuße an Lebensstandart; Deutschland ist auf Rohstoffverarbeitung durch Industrie angewiesen, da es kaum Bodenschätze besitzt; Sicherung von Arbeitsplätzen durch die Industrie (-> Massenarbeitslosigkeit)

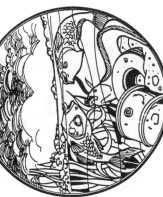

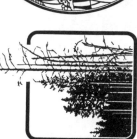

Auswirkungen der Industrie auf die Umwelt

1. Zeitungsmeldung vom 14. Februar 1986:

"In Nordostbayern wird der Smog-Voralarm, der am Mittwochabend ausgelöst wurde, vorerst aufrechterhalten. Das Umweltministerium teilte mit, in diesem Gebiet liege die Konzentration der Luftschadstoffe nach wie vor über dem Grenzwert, der nach den Bestimmungen der bayerischen Smog-Verordnung für den Voralarm vorgesehen ist ..."

a) Erkläre den Ausdruck "Smog"!

"Nebelrauch" durch Inversionslage (kältere Luft in der Höhe versperrt den Abzug der Abgase)

b) Suche Nordostbayern auf der Karte und notiere einige Städte!

Hof, Selb, Wunsiedel, Marktredwitz

c) Welche Betriebe könnten für die Schadstoffe in der Luft verantwortlich sein?

Kraftwerke, Glasindustrie, Verkehr

d) Welche Abhilfemöglichkeiten kennst du?

Einbau von Filteranlagen; Einschränkung des Verkehrs; Energiesparmaßnahmen

2. Erläutere die Notwendigkeit grenzübergreifender Maßnahmen zur Reinhaltung von Luft und Wasser!

Schadstoffe machen an den Grenzen nicht Halt; viele Schadstoffe kommen z.B. aus der Tschechischen Republik, der Slowakei und Polen

3. Schwefeldioxid ist ein Gas, das z.B. bei der Verbrennung von schwefelhaltiger Kohle entsteht.

Ausstoß von Schwefeldioxid:

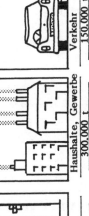
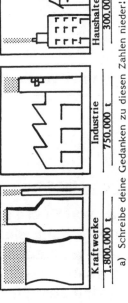

Kraftwerke	Industrie	Haushalte, Gewerbe	Verkehr
1.800.000 t	750.000 t	300.000 t	150.000 t

a) Schreibe deine Gedanken zu diesen Zahlen nieder!

Umweltbelastung hat viele Ursachen: Wärmekraftwerke (Kohle, Öl)/Industrie/Verkehr mit den größten Schadstoffmengen (z.B. SO_2); Kraftwerke und Industrie mit dem höchsten Ausstoß

b) Welche Auswirkungen hat ein übermäßiger Ausstoß an Schwefeldioxid?

Verunreinigung der Luft: Schadstoffe kommen mit dem Regen wieder zur Erde ("Saurer Regen") -> Absterben der Wälder (z.B. Erzgebirge)

c) Nenne Abhilfemöglichkeiten!

Abgasreinigung durch Filter; Katalysatoren in Autos; Überprüfen der Heizungsanlagen; Energie sparen; Verzicht auf überflüssige Konsumgüter

Zusammenfassung (Tafelbild/Hefteintrag):

Gewässer:
Verschmutzung mit Giftstoffen durch Abwässer

- Fischsterben
- Gefährdung des Trinkwassers
- Badeverbot

Boden:
Vergiftung durch Sondermüll (z.B. Schwermetalle), Müllawine

- Krankheiten (Nahrungskreislauf)

Wie belastet die *Industrie* unsere Umwelt?

Luft:
Verpestung durch Abgase, Ruß, Schadstoffe

- Waldsterben
- Smog
- Krankheiten

Veränderung der Umwelt:
● früher:
  Ackerland, Wiesen...
● heute:
  Überbauung durch Industrieanlagen, Straßen, Häuser...

Totaler Verzicht auf Industrie nicht möglich!

Was wird getan?

- Einbau von Filtern und Entschwefelungsanlagen
- Strengere Kontrollen und schärfere Strafen
- Bleifreie Kraftstoffe
- Zuschüsse zur Modernisierung von Heizungsanlagen
- Verstärkte Bemühungen um eine europäische Regelung

DEUTSCHLANDREISE

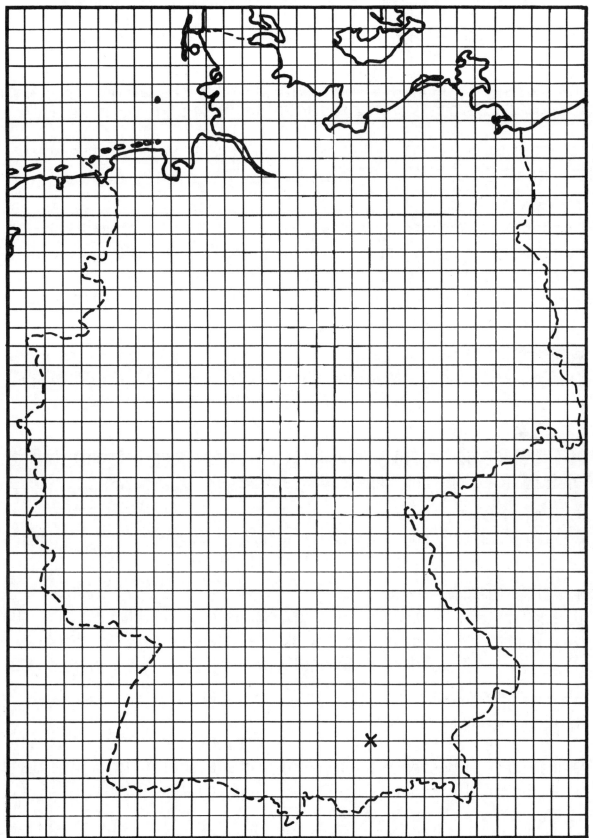

Diese Karte hat einen Maßstab von 1:4 000 000, das heißt, 1cm auf
der Karte sind in Wirklichkeit _____km. Der Abstand der Kästchenlinien entspricht also _____ Kilometer.

ERDKUNDE	NAME: _____	KLASSE: _____	DATUM: _____	NR.: ___

DEUTSCHLANDREISE

<u>Erklärung:</u> W:100km/S:80km heißt: Fahre zuerst 100km nach Westen, dann 80 km nach Süden.

Fahre die Strecken mit einem Farbstift nach. Kennzeichne die Zielpunkte mit einem Kreuz und der Nummer der Aufgabe. Suche dann im Atlas die Antworten.

Wir starten am angegebenen Kreuz, in der bayerischen Landeshauptstadt, in (M)_____.

1. O:100km / S:60km

   In zünftiger Bergsteigerausrüstung kraxeln wir auf Deutschlands zweithöchsten Berg. Der Sage nach ist der Berg eine versteinerte böse Königsfamilie. Der 2713 hohe Berg heißt (W)_____. Die Mühen werden belohnt durch eine wunderbare Fernsicht und einen Blick auf den (See)(K)_____.

2. W:140km

   Nachdem wir schon im Gebirge sind, fahren wir mit der Seilbahn auf Deutschlands höchsten Berg, die 2964m hohe (Z)_____.

3. W:180km / N:20km

   Hier stürzt der Rhein mit gewaltigem Tosen über Felsen hinab. Der Rheinfall ist in der Nähe der Stadt (Sch)_____.

4. W:20km /N:80km

   Wir unternehmen erholsame Wanderungen in ausgedehnten Tannenwäldern. Die Luft ist wirklich gut im (Gebirge)(Sch)_____.

5. N:40km / O:80km

   Im Neckarstadion besuchen wir ein Spiel des VfB. Nach einer Führung durch das Mercedes-Benz-Werk verlassen wir (Stadt)(S) _____, das im Bundesland (B)_____ (W)_____ _____ liegt.

6. N:100km /W:180km

   In der ältesten Stadt Deutschlands besichtigen wir die Porta Nigra, das am besten erhaltene römische Stadttor in Deutschland. Wir sind in der Stadt (T)_____, das an der (Fluß)(M)_____ liegt.

7. N:60km / O:140km

   Diese Stadt besitzt den größten Flughafen von Deutschland. Im Naturmuseum Senckenberg bewundern wir Skelette

ERDKUNDE	NAME: _____	KLASSE: _____	DATUM: _____	NR.: ___

Blatt 2

von Mammuts, Versteinerungen und andere Zeugnisse der Urzeit.
Wir verlassen die Stadt (F)_____, die am (Fluß)(M)
_____ liegt.
Übrigens: Es gibt auch ein Frankfurt an der Oder. Suche die Stadt
im Atlas.

8. N:140km / W:100km
Wir sind mitten im (Gebiet)(R)_____, wo eine Stadt
neben der anderen liegt. Wir fahren schnell weiter, da es an vielen Stellen nicht gut riecht.

9. N:180km / O:120km
Die alte Hansestadt (B)_____ lädt zum Verweilen ein.
Das berühmteste Denkmal der Stadt ist der "Roland", eine 5,5m
hohe Steinfigur, die an die Freiheit der Stadt erinnert. Der Ratskeller ist Deutschlands berühmtestes Weinhaus. Nach einer Hafenrundfahrt auf der (Fluß)(W)_____ geht es weiter.

10. W:20km / N:200km
Endlich! Ein ausgedehnter Badeurlaub auf der berühmten Insel (S)
_____. In (Ort)(W)_____ kaufen wir Souvenirs.

11. O:60km / S:20km
In der nördlichsten Stadt der Bundesrepublik Deutschland, in (F)
_____ halten wir nur kurz. Von hier aus ist es nur
ein Katzensprung zu unserem nördlichen Nachbarn, (Land)(D)
_____.

12. O:40km / S:140km
Die Hansestadt (H)_____ haben wir in Erdkunde kennengelernt. Sehenswürdigkeiten sind zum Beispiel _____
_____
_____
_____

13. S:60km / O:20km
Hier gibt es überall "Heidschnucken", eine besondere Schafrasse.
Weite Wiesen mit blaublühender Erika laden uns zum Wandern ein.
Ein schöner Flecken Deutschlands! Wir sind in der (Gebiet)(L)
_____ (H)_____.

14. O:20km / S:60km
Wir besichtigen das Volkswagenwerk in (Stadt)(W)_____.
Übrigens: Kennst du einige VW-Typen? _____

ERDKUNDE	NAME: _____	KLASSE: _____	DATUM: _____	NR.: ___

Blatt 3

15. N:20km / O:180km

In (B) _____ besichtigen wir das inzwischen berühmte Brandenburger Tor. Im weltbekannten Zoo schlecken wir ein großes Eis.

16. W:60km / S:140km

Weiter südlich liegt L _____. Diese Stadt ist berühmt durch ihre alljährlich große Messe. Vielleicht hast du Briefmarken von dieser Messe in deiner Sammlung?

17. O:80km / S:20km

Die Stadt der Kunst (D)_____ wurde im II. Weltkrieg stark zerstört. Heute können wir wieder den Zwinger (schönster deutscher Barockbau) besichtigen.

18. W:240km / S:140km

Mitten am Main gelegen finden wir die Hauptstadt des Regierungs- bezirkes (U)_____, (Stadt)(W)_____. Nach einem Besuch der herrlichen Residenz, einem Barockbau, den überwiegend Balthasar Neumann errichtet hat, geht es weiter.

19. O:100km

Wegen seiner Festspiele zu Ehren des Komponisten Richard Wagner ist (Stadt)(B)_____ in der ganzen Welt bekannt.

20. O:120km / S:80km

Hier sind die Waldler zu Hause. Wir besteigen im (Gebirge) (B)_____ (W)_____ den höchsten Berg. Es ist der (Berg)(G)_____ (A)_____, der (Höhe)_____m hoch ist.

21. W:80km / S:20km

Kloster Weltenburg, der Donaudurchbruch bei Kelheim und die Walhalla sind von dieser Stadt aus leicht zu erreichen. Vor knapp 2000 Jahren hieß die Stadt bei dem Römern "Castra Regina", heute heißt sie (R)_____.

22. Von hier aus fahren wir zurück nach München, es sind _____ km.

Übrigens: Welche Strecke hast du während deiner Deutschlandreise zurückgelegt?

Antwort: Es waren _____ km.

Warum wären es in Wirklichkeit weniger Kilometer?

_____

Deutschlandreise

Erklärung: W:100km/S:80km heißt: Fahre zuerst 100km nach Westen, dann 80 km nach Süden.

Fahre die Strecken mit einem Farbstift nach. Kennzeichne die Zielpunkte mit einem Kreuz und der Nummer der Aufgabe. Suche dann im Atlas die Antworten.

Wir starten am angegebenen Kreuz, in der bayerischen Landeshauptstadt, in (M) __München__

1. O:100km / S:60km
In zünftiger Bergsteigerausrüstung kraxeln wir auf Deutschlands zweithöchsten Berg. Der Sage nach ist der Berg eine versteinerte böse Königsfamilie. Der 2713 hohe Berg heißt (W) __Watzmann__ .
Die Mühen werden belohnt durch eine wunderbare Fernsicht und einen Blick auf den (See)(K) __Königsee__ .

2. W:140km
Nachdem wir schon im Gebirge sind, fahren wir mit der Seilbahn auf Deutschlands höchsten Berg, die 2964m hohe (Z) __Zugspitze__ .

3. W:180km / N:20km
Hier stürzt der Rhein mit gewaltigem Tosen über Felsen hinab. Der Rheinfall ist in der Nähe der Stadt (Sch) __Schaffhausen__ .

4. W:20km /N:80km
Wir unternehmen erholsame Wanderungen in ausgedehnten Tannenwäldern. Die Luft ist wirklich gut im (Gebirge)(Sch) __Schwarzwald__ .

5. N:40km / O:80km
Im Neckarstadion besuchen wir ein Spiel des VfB. Nach einer Führung durch das Mercedes-Benz-Werk verlassen wir (Stadt)(S) __Stuttgart__ , das im Bundesland (B) __Baden-__ (W) __Württem-__ __berg__ liegt.

6. N:100km /W:180km
In der ältesten Stadt Deutschlands besichtigen wir die Porta Nigra, das am besten erhaltene römische Stadttor in Deutschland. Wir sind in der Stadt (T) __Trier__ , das an der (Fluß)(M) __Mosel__ liegt.

7. N:60km / O:140km
Diese Stadt besitzt den größten Flughafen von Deutschland. Im Naturmuseum Senckenberg bewundern wir Skelette

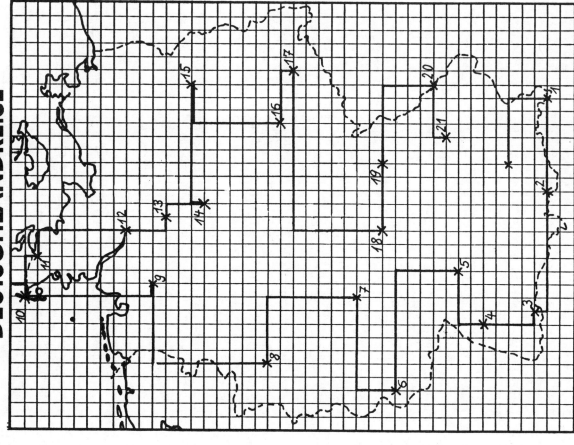

DEUTSCHLANDREISE

Diese Karte hat einen Maßstab von 1:4 000 000, das heißt, 1cm auf der Karte sind in Wirklichkeit __40__ km. Der Abstand der Kästchenlinien entspricht also __20__ Kilometer.

von Mammuts, Versteinerungen und andere Zeugnisse der Urzeit.
Wir verlassen die Stadt (F) **Frankfurt**, die am (Fluß)(M) **Main** liegt.
Übrigens: Es gibt auch ein Frankfurt an der Oder. Suche die Stadt im Atlas.

8. N:140km / W:100km
Wir sind mitten im (Gebiet)(R) **Ruhrgebiet**, wo eine Stadt neben der anderen liegt. Wir fahren schnell weiter, da es an vielen Stellen nicht gut riecht.

9. N:180km / 0:120km
Die alte Hansestadt (B) **Bremen** lädt zum Verweilen ein. Das berühmteste Denkmal der Stadt ist der "Roland", eine 5,5m hohe Steinfigur, die an die Freiheit der Stadt erinnert. Der Ratskeller ist Deutschlands berühmtestes Weinhaus. Nach einer Hafenrundfahrt auf der (Fluß)(W) **Weser** geht es weiter.

10. W:20km / N:200km
Endlich! Ein ausgedehnter Badeurlaub auf der berühmten Insel (S) **Sylt**. In (Ort)(W) **Westerland** kaufen wir Souvenirs.

11. 0:60km / S:20km
In der nördlichsten Stadt der Bundesrepublik Deutschland, in (F) **Flensburg** halten wir nur kurz. Von hier aus ist es nur ein Katzensprung zu unserem nördlichen Nachbarn, (Land)(D) **Dänemark**.

12. 0:40km / S:140km
Die Hansestadt (H) **Hamburg** haben wir in Erdkunde kennengelernt. Sehenswürdigkeiten sind zum Beispiel **der Philipsturm, Planten un Blomen, der Flughafen Fuhlsbüttel, der Elbtunnel, die Reeperbahn, die Börse, der Hafen, ...**

13. S:60km / 0:20km
Hier gibt es überall "Heidschnucken", eine besondere Schafrasse. Weite Wiesen mit blaublühender Erika laden uns zum Wandern ein. Ein schöner Flecken Deutschlands! Wir sind in der (Gebiet)(L) **Lüneburger** (H) **Heide**.

14. 0:20km / S:60km
Wir besichtigen das Volkswagenwerk in (Stadt)(W) **Wolfsburg**. Übrigens: Kennst du einige VW-Typen? **Golf, Passat, Polo, ...**

15. N:20km / 0:180km
In (B) **Berlin** besichtigen wir das inzwischen berühmte Brandenburger Tor. Im weltbekannten Zoo schlecken wir ein großes Eis.

16. W:60km / S:140km
Weiter südlich liegt L **Leipzig**. Diese Stadt ist berühmt durch ihre alljährlich große Messe. Vielleicht hast du Briefmarken von dieser Messe in deiner Sammlung?

17. 0:80km / S:20km
Die Stadt der Kunst (D) **Dresden** wurde im II. Weltkrieg stark zerstört. Heute können wir wieder den Zwinger (schönster deutscher Barockbau) besichtigen.

18. W:240km / S:140km
Mitten am Main gelegen finden wir die Hauptstadt des Regierungsbezirkes (U) **Unterfranken**, (Stadt)(W) **Würzburg**. Nach einem Besuch der herrlichen Residenz, einem Barockbau, den überwiegend Balthasar Neumann errichtet hat, geht es weiter.

19. 0:100km
Wegen seiner Festspiele zu Ehren des Komponisten Richard Wagner ist (Stadt)(B) **Bayreuth** in der ganzen Welt bekannt.

20. 0:120km / S:80km
Hier sind die Waldler zu Hause. Wir besteigen im (Gebirge) (B) **Bayerischen** (W) **Wald** den höchsten Berg. Es ist der (Berg)(G) **Große** (A) **Arber**, der (Höhe) **1457** m hoch ist.

21. W:80km / S:20km
Kloster Weltenburg, der Donaudurchbruch bei Kelheim und die Walhalla sind von dieser Stadt aus leicht zu erreichen. Vor knapp 2000 Jahren hieß die Stadt bei dem Römern "Castra Regina", heute heißt sie (R) **Regensburg**.

22. 0:80km / S:20km
Von hier aus fahren wir zurück nach München, es sind **140** km.

Übrigens: Welche Strecke hast du während deiner Deutschlandreise zurückgelegt?
Antwort: Es waren **3.800** km.
Warum wären es in Wirklichkeit weniger Kilometer?
Die Straßen laufen nicht eckig, wie die Route in unserer Karte.

LEHRBEREICH/LEHREINHEIT

THEMA   Einordnung Deutschlands in den europäischen Raum

LERNZIELE

Die Schüler sollen

- die Staaten Mitteleuropas und ihre Lage kennenlernen.

- Flüsse und bedeutende Städte Mitteleuropas schnell fixieren können.

ARBEITSMITTEL/MEDIEN/LITERATUR

Wandkarte, Atlas, AB = Folie

TAFELBILD/FOLIE

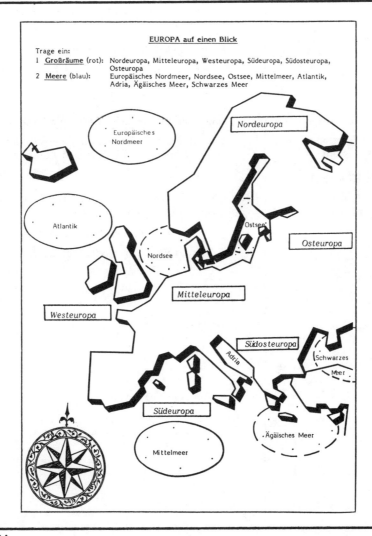

HINWEISE/NOTIZEN

Unterrichtsstufe Zielangabe	METHODE		LERNINHALTE (STOFF)	ZEIT
TZ und (TZ) Zusf.	Lehr / Lernakte	Medieneinsatz	Tafelanschrift (bzw. Folie)	

I. EINSTIEG

	Impuls		L: Wir waren immer in Deutschland!	
			SS: Nachbarländer, Europa	
		Karte: Süd-deutschland	SS: suchen Karte, auf der sie alle Räume finden.	
		Karte: Bayern Karte: Europa Karte: Welt-karte	Regel: Karte mit möglichst großem Maßstab	
		Karte: Mittel-europa		
	SS.-Fragen		SS: "Was ist Mitteleuropa?"	
Zielangabe		TA	┌ Wir untersuchen Mitteleuropa auf der Karte ┐	

II. ERARBEITUNG

	Planung		1. Staaten und ihre Lage	
			2. Flüsse und wohin sie fließen	
			3. Städte und wo sie liegen	
1. Teilziel			**Staaten und ihre Lage**	
		Folie = AB	- Einzeichnen der Grenzen - Ausfüllen der Staaten mit verschiedenen Farben - Strukturieren des Wissens	
2. Teilziel			**Flüsse und wohin sie fließen**	
			- Isolieren d. Zeichnen auf Transparentpapier - Benennen - Strukturieren des Wissens	
3. Teilziel			**Lage der Städte orientiert an Flüssen**	
		siehe AB = Folie	- Isolieren d. Zeichnen auf Transparentpapier = Zuordnung in Flüssen und Ländern	

III. ZUSAMMENSCHAU/SICHERUNG

	SS fragen sich gegenseitig mit Karte		z.B.: In welchem Land liegt ... ?	
			Durch welchen Staat fließt ...?	
			An welchem Fluß liegt ... ?	

| ERDKUNDE | NAME: _____ | KLASSE: _____ | DATUM: _____ | NR.: ____ |

Kenne ich mich in Mitteleuropa aus?

Staaten und ihre Lage:

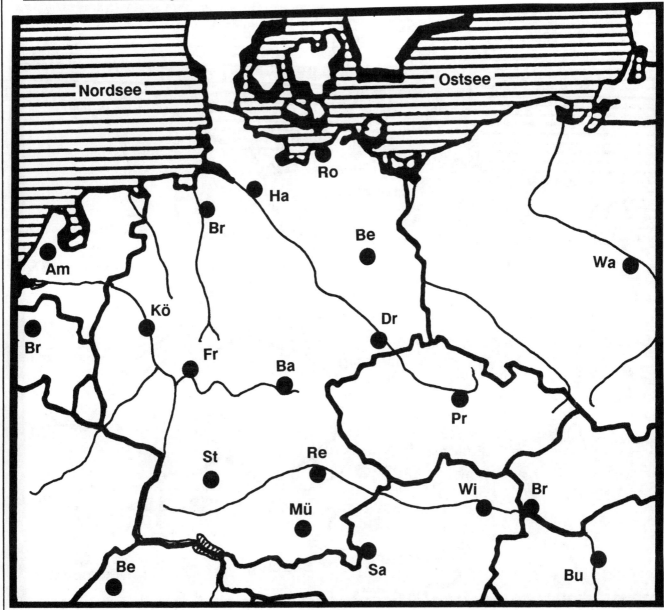

Nachbarstaaten:

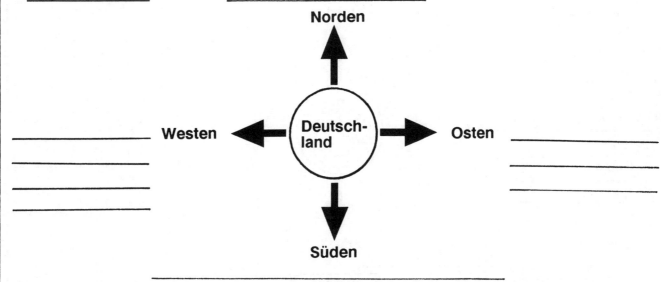

_____

Norden

Westen   Deutsch-land   Osten

_____   _____

_____   _____

_____   _____

Süden

_____

| ERDKUNDE | NAME: _____ | KLASSE: _____ | DATUM: _____ | NR.: ___ |

Kenne ich mich in Mitteleuropa aus?

Staaten und ihre Lage:

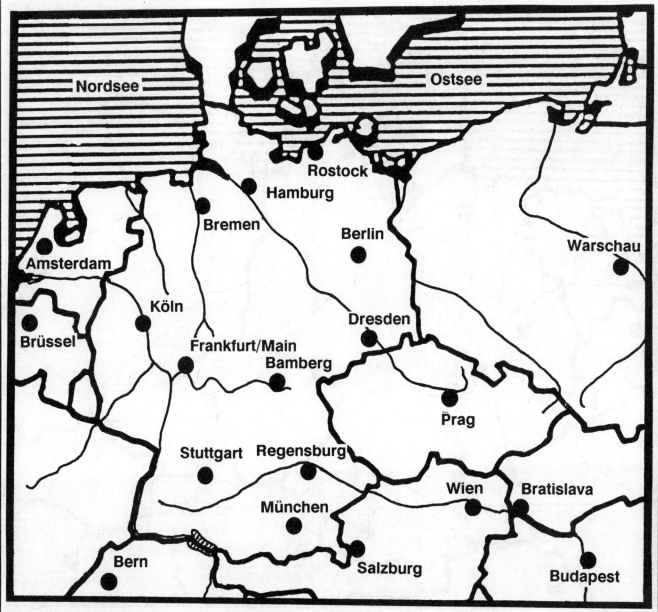

Nachbarstaaten:

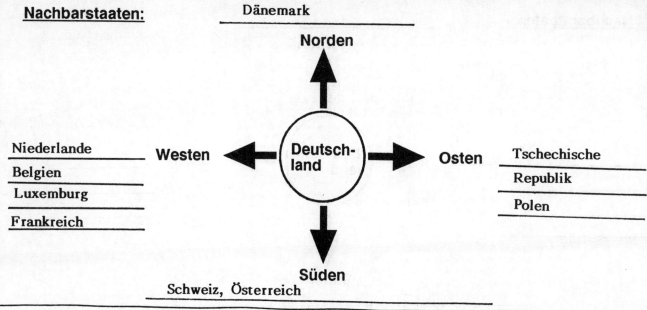

Dänemark

Norden

Niederlande
Belgien
Luxemburg
Frankreich

Westen ← Deutsch-land → Osten

Tschechische
Republik
Polen

Süden

Schweiz, Österreich

| ERDKUNDE | NAME: | KLASSE: | DATUM: | NR.: |

Flüsse und wohin sie fließen:

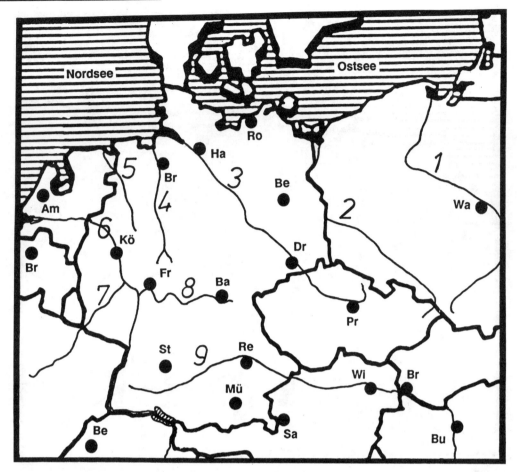

1 = _____ –> _____

2 = _____ –> _____

3 = _____ –> _____

4 = _____ –> _____

5 = _____ –> _____

6 = _____ –> _____

7 = _____ –> _____

8 = _____ –> _____

9 = _____ –> _____

Städte und wo sie liegen:

Stadt	Fluß	Land
Amsterdam		
Köln		
Frankfurt/M.		
Hamburg		
Warschau		
Wien		
Budapest		

ERDKUNDE	NAME: _____	KLASSE: _____	DATUM: _____	NR.: ____

Flüsse und wohin sie fließen:

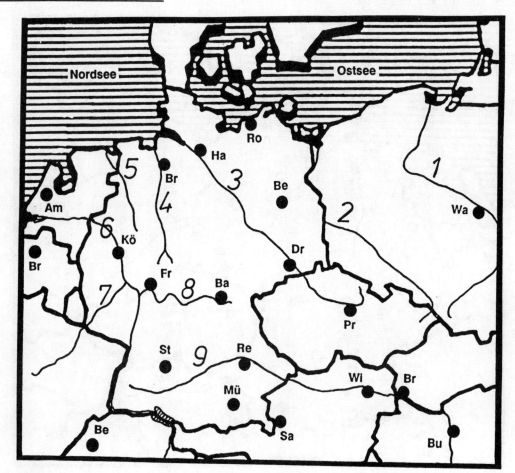

1 =	Weichsel	->	Ostsee
2 =	Oder	->	Ostsee
3 =	Elbe	->	Nordsee
4 =	Weser	->	Nordsee
5 =	Ems	->	Nordsee
6 =	Rhein	->	Nordsee
7 =	Mosel	->	Rhein
8 =	Main	->	Rhein
9 =	Donau	->	Schwarzes Meer

Städte und wo sie liegen:

Stadt	Fluß	Land
Amsterdam	Rhein	Niederlande
Köln	Rhein	Deutschland
Frankfurt/M.	Main	Deutschland
Hamburg	Elbe	Deutschland
Warschau	Weichsel	Polen
Wien	Donau	Österreich
Budapest	Donau	Ungarn

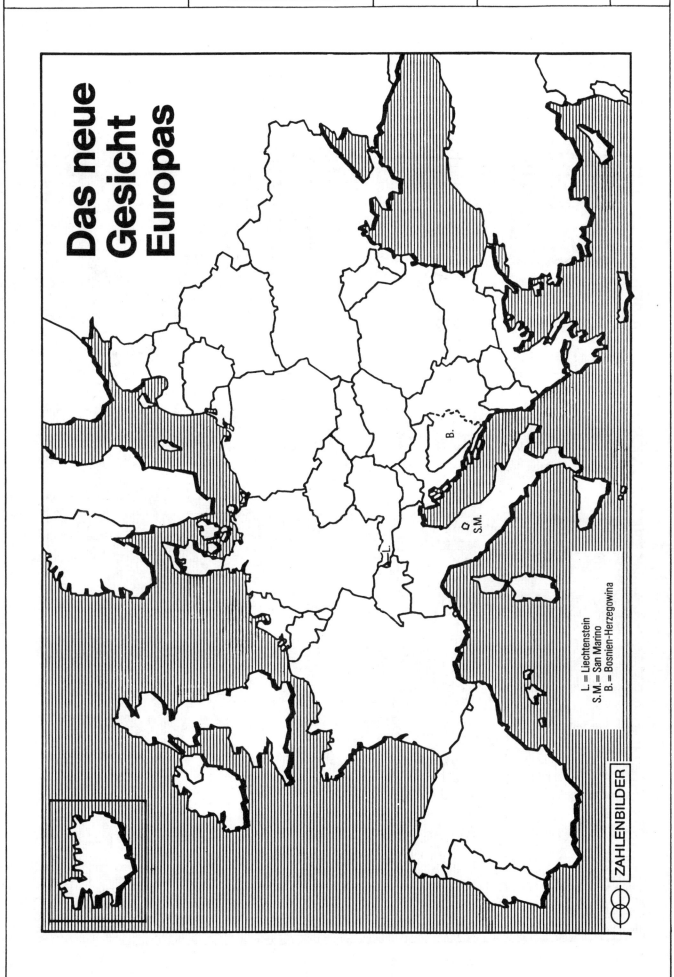

Das neue
Gesicht
Europas

L. = Liechtenstein
S.M. = San Marino
B. = Bosnien-Herzegowina

ZAHLENBILDER

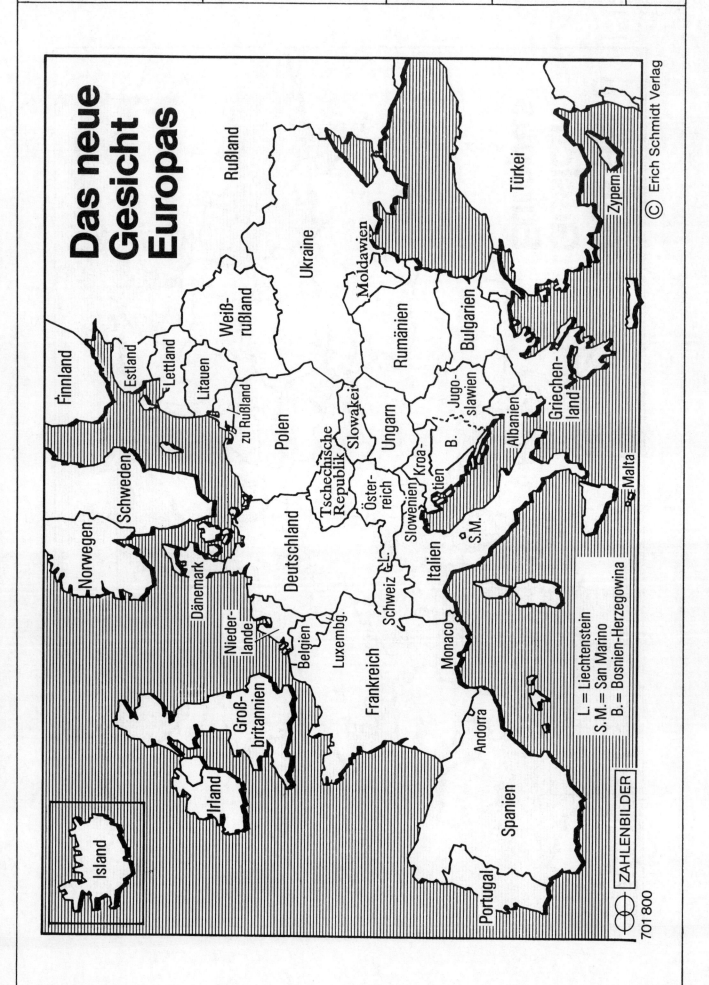

Das neue Gesicht Europas

L. = Liechtenstein
S. M. = San Marino
B. = Bosnien-Herzegowina

ZAHLENBILDER

701 800